구속함을 받은 자

– 진용식 목사 성역 40주년 기념 설교집 –

저자 **진용식** 목사

기독교포털뉴스

구속함을 받은 자

-진용식 목사 성역 40주년 기념 설교집

초판 1쇄 인쇄 | 2019년 6월 26일
초판 1쇄 발행 | 2019년 7월 6일
저자 | 진용식
편집 | 마루그래픽스(02-2277-7568)
표지 디자인 | nghpro@daum.net
유통사 | 하늘유통(031-947-7777)
펴낸곳 | 기독교포털뉴스
신고번호 | 제 377-25100-2011000060호(2011년 10월 6일)
주소 | 우 16489 경기도 수원시 팔달구 권광로 197, 6층 663호(인계동)
전화 | 010-4879-8651

가격 | 12,000원
이메일 | unique44@naver.com
홈페이지 | www.kportalnews.co.kr

구속함을 받으자

| 목차 |

"거기에 대로가 있어 그 길을 거룩한 길이라 일컫는바 되리니 깨끗하지 못한 자는 지나가지 못하겠고 오직 구속함을 입은 자들을 위하여 있게 될 것이라 우매한 행인은 그 길로 다니지 못할 것이며 거기에는 사자가 없고 사나운 짐승이 그리로 올라가지 아니하므로 그것을 만나지 못하겠고 오직 구속함을 받은 자만 그리로 행할 것이며 여호와의 속량함을 받은 자들이 돌아오되 노래하며 시온에 이르러 그들의 머리 위에 영영한 희락을 띠고 기쁨과 즐거움을 얻으리니 슬픔과 탄식이 사라지리로다"(사 35:8~10)

성경은 행위나 공로로 천국에 가는 것이 아니라 '오직 구속함을 입은 자'만이 천국에 들어갈 수 있다고 소개하고 있다. 많은 사람들이 천국에 들어 갈 수 있는 오직 한길 '예수 그리스도의 구속'을 알지 못하고 '율법의 행위'와 '공로'로 구원받기 위해 '행위의 길'을 가고 있다.

필자도 '율법의 행위'로 구원받는다는 '안식교'의 신도로서 철저한 율법주의자였다. 그러나 예수님의 구속의 복음을 깨닫고 구원 받은 후 복음의 사명을 가지게 되었고 오직 구속함의 복음을 전하는 복음 사역자가 되었다. 이는 사도 바울이 율법주의에서 구원받은 것처럼 율법주의, 행위주의에서 복음으로 회심한 것이다.

"그러나 무엇이든지 내게 유익하던 것을 내가 그리스도를 위하여

다 해로 여길뿐더러 또한 모든 것을 해로 여김은 내 주 그리스도 예수를 아는 지식이 가장 고상하기 때문이라 내가 그를 위하여 모든 것을 잃어버리고 배설물로 여김은 그리스도를 얻고 그 안에서 발견되려 함이니 내가 가진 의는 율법에서 난 것이 아니요 오직 그리스도를 믿음으로 말미암은 것이니 곧 믿음으로 하나님께로부터 난 의라"(빌 3:7~9)

필자는 지난 40년 동안 세 곳의 교회를 개척 설립하여 목회를 했고 성도들에게 구원의 복음을 증거하는 사역을 했다. 이 설교집은 부족하지만 필자가 40년 동안 목회 현장의 주일 강단에서 전했던 설교들을 요약해서 방송했던 설교들이다.

필자는 성경에서 발견한 예수 그리스도의 구속의 복음을 말씀 그대로 전파하기 위해 노력했다. 십자가의 도만이 구원의 능력이 되는 복음이기에 원색적인 복음과 성경의 진리들을 전하는 일에 전념했다. 이 설교 집을 성역 40주년 기념 설교 집으로 내는 것은 한 영혼이라도 더 구속의 복음을 깨닫고 구원 얻기를 소망하는 간절한 마음에서다. 성도들뿐 아니라 복음을 전하는 사명을 가진 설교자들에게도 조금이나마 도움이 되었으면 하는 바람이다.

2019년 7월 6일

상록교회 진용식 목사

I. 구속함을 받은 자

이처럼 사랑하사

\\

> 하나님이 세상을 이처럼 사랑하사 독생자를 주셨으니 이는 저를 믿
> 는 자마다 멸망치 않고 영생을 얻게 하려 하심이니라
> (요한복음 3:16).

본문의 말씀은 기독교인이라면 누구나 암송하고 있는 말씀입니다. 저도 주일학교 때부터 이 말씀을 암송하는 구절이었지만 이 말씀의 진정한 의미를 알게 된 것은 구원받은 후였습니다. 구원받은 후 이 말씀의 한 단어 한 단어가 얼마나 감격스러운지 새삼스럽게 깨닫게 되었습니다. 누구든지 본문 요한복음 3장 16절의 말씀을 바로 알고 믿기만 한다면 분명히 구원받을 수 있다고 생각됩니다. 본문은 하나님께서 우리를 얼마나 사랑하셨는가를 말하고 있는데 그 표현을 '이처럼 사랑하사' 라고 되어있습니다. 하나님께서 우리를 얼마나 사랑하셨는가를 깨닫고 믿는 것이 구원이라고 할 수 있습니다. 그래서 오늘은 '이처럼 사랑하사'라는 제목으로 말씀을 드리려고 합니다. 하나님의 사랑을 받아들이고 믿는 것이 구원입니다. 하나님의 사랑을 우리는 어떻게 믿어야 합니까?

하나님의 사랑은 어떠한 사랑입니까?

첫째로, 하나님의 사랑은 죄인을 사랑하시는 사랑입니다.

본문에 하나님이 세상을 이처럼 사랑하셨다고 했습니다. 세상이란 죄악 가운데 빠져서 버림받은 사람을 의미합니다. 그래서 세상을 사랑하셨다는 말은 죄인을 사랑하셨다는 것을 의미하는 것입니다. 하나님은 의인을 사랑하신 것이 아니라 죄인을 사랑하셨다는 것입니다. 하나님께서 선행이나 의를 보시고 사랑하신 것이 아니라 죄 있는 그대로 불 경건한 그대로 사랑 하셨다는 것입니다. 우리는 때때로 하나님 앞에 나아갈 때 자신의 부족함과 죄악 때문에 하나님께서 나 같은 죄인을 받아 주실까? 하는 의심을 합니다. 그러나 하나님께서는 여러분과 저를 사랑하셨습니다. 의로워서가 아니고 선행이 있어서도 아닙니다. 죄인인 줄 알면서, 더럽고 부정한 인간인 줄 알면서도 사랑하셨다는 것입니다.

로마서 5장 8절 말씀에 "우리가 아직 죄인 되었을 때에 그리스도께서 우리를 위하여 죽으심으로 하나님께서 우리에게 대한 자기의 사랑을 확증하셨느니라"고 하셨습니다. 하나님의 이 사랑을 받아들이고 믿어야 합니다. 예수님께서는 베드로가 예수님을 세 번씩이나 부인할 것을 아셨습니다. 비천한 여종 앞에서 주님을 맹세하면서 부인할 연약한 인간인 것을 아시고도 주님은 베드로를 사랑하시고 그를 위하여 기도하셨다고 했습니다. 하나님께서는 나를 아십니다. 얼마나 부정한 죄인이며 얼마나 더러운 인간성을 가진 사람인가를 알고 계십니다. 하나님은 우리가 그러한 죄인인 것을 아시고도 사랑하셨다는 것입니다. 우리가 아직 죄인 되었을 때 우리를 사랑하셨습니다. 우리가 아직 회개하기도 전에 사랑하셨습니다. '주 예수 내가 알기 전 날 먼저 사랑했네' 라는 찬송가의 가사처럼 주님은 우리를 먼저 받아 주셨습니다. 죄 있는 모습 그대로 더럽고 누추한 그대로 사랑하셨습니다. 하나님은 죄인인 나를 사랑하신 것입니다. 이러한 하나님의 사랑을 믿고 받아들이는 것이 곧 구원인 것입니다.

둘째로, 하나님의 사랑은 독생자를 주신 사랑입니다.

하나님께서 죄인을 사랑하시되 독생자를 주시기까지 사랑하셨습니다. 인간이 죄를 범하여 진 빚을 갚고 문제를 해결하시기 위하여 하나님께서 친히 이 땅에 내려오셨습니다. 그리고 자신의 생명까지 주셨습니다. 인간이 죄 가운데 빠져서 스스로 처리할 수 없고 멸망할 수밖에 없는 것을 아시고 하나님께서 독생자를 보내서서 친히 책임을 져 주신 것입니다. 제가 아는 한 장로님에게 방탕한 아들이 있었습니다. 장로님은 그 아들 때문에 언제나 근심하며 사는 분이었습니다. 어느날 그 아들은 큰 일을 저지르고 말았습니다. 아들은 감옥에 갇히게 되었고 그 아들을 구하기 위해서는 많은 돈을 들여서 그 피해자들과 합의를 해야만 했습니다. 그 때 그 아버지는 그 아들을 위하여 자기의 전 재산인 논을 팔아서 문제를 해결하는 것을 보았습니다.

잘못은 아들이 저질렀는데 책임은 아버지가 지는 것입니다. 이와 같이 우리가 죄를 짓고 잘못을 저질렀는데 하나님 아버지께서 그 책임을 지신 것입니다. 요한일서 4장 9~10절에 "하나님의 사랑이 우리에게 이렇게 나타난 바 되었으니 하나님이 자기의 독생자를 세상에 보내심은 저로 말미암아 우리를 살리려 하심이니라 사랑은 여기 있으니 우리가 하나님을 사랑한 것이 아니요 오직 하나님이 우리를 사랑하사 우리 죄를 위하여 화목제로 그 아들을 보내셨음이니라"고 했습니다. 하나님의 사랑은 독생자를 보내서 그의 피로 우리의 모든 죄 값을 갚으시고 문제를 해결하신 것입니다. 즉 죄와 사망의 문제를 책임지신 것입니다. 독생자를 보내신 것을 통해서 하나님께서 우리를 얼마나 사랑하셨는가를 알게 된 것입니다. '하나님이 세상을 이처럼 사랑하사 독생자를 주셨으니' 이 사실을 믿고 그 사랑을 믿으시기 바랍니다.

하나님께서 독생자를 보내셔서 나의 모든 죄 값을 갚으시고 모든 문제를 해결 하셨다는 것을 알고 그 사랑을 믿고 받아들이는 것이 곧 구원의 체험인 것입니다.

셋째로, 하나님의 사랑은 영생을 선물로 주시는 사랑입니다.

우리는 죄를 범함으로 영원히 멸망할 수밖에 없는 불행한 처지가 된 사람들입니다. 멸망이란 지옥의 형벌과 영원한 고통을 말하는 것입니다. 이러한 우리를 살리시려고 독생자를 보내셨고 우리를 건지셨습니다. 그리고 하나님은 우리를 사랑하셔서 큰 선물을 주셨는데 영원한 행복을 누리며 하나님과 함께 살 수 있는 영원한 생명을 주신 것입니다. 이 영생의 선물은 조건 없이 그리스도를 믿는 모든 자에게 거져 주셨습니다. 하나님의 사랑의 선물이기 때문입니다. 하나님의 사랑을 믿고 받아들이는 자에게 누구든지 이 선물을 주시는 것입니다. 하나님의 사랑을 의심하지 말고 믿으십시오. 하나님께서 죄인인 나를 사랑하셨다는 것을 의심하지 마십시오, 하나님께서 독생자를 보내셔서 모든 죄 값을 갚으시고 죄와 사망의 문제를 해결하셨다는 사실을 의심하지 말고 믿으십시오. 하나님의 사랑은 영광의 천국과 영생을 그의 사랑의 선물로 주셨다는 것을 확실히 믿으십시오. 그 선물은 믿는 자의 것입니다. 로마서 6:23 에 "죄의 삯은 사망이요 하나님의 은사는 그리스도 예수 우리 주안에 있는 영생이니라"고 했습니다. 이 선물을 여러분의 것으로 받으십시오. 하나님의 사랑의 선물입니다.

구원은 하나님의 사랑의 체험입니다. 하나님께서 우리를 얼마나 사랑하셨는가를 알고 받아들이는 것이 구원인 것입니다. 우리는 영광의 천국에서 영원한 행복을 누리면서 영생의 선물을 주신 하나님의 사랑을 영원히 영원히 찬양하게 될 것입니다. "하나님이 세상을 이처럼 사랑하사 독생자를 주셨으니 이는 저를 믿는 자마다 멸망치 않고 영생을 얻게 하려하심이니라" '그 크신 하나님의 사랑 말로다 형용 못하네 저 높고 높은 별을 넘어 이 낮고 낮은 땅위에 죄 범한 영혼 구하려 그 아들 보내사 화목제로 삼으시고 죄용서 하셨네' 하나님의 이 사랑을 믿고 구원받아 영원한 행복을 누리시는 여러분 되시기를 주님의 이름으로 축원합니다.

사랑안에 거하라

\\\

하나님이 우리를 사랑하시는 사랑을 우리가 알고 믿었노니 하나님
은 사랑이시라 사랑 안에 거하는 자는 하나님 안에 거하고 하나님
도 그 안에 거하시느니라 이로써 사랑이 우리에게 온전히 이룬 것
은 우리로 심판 날에 담대함을 가지게 하려 함이니 주의 어떠하심
과 같이 우리도 세상에서 그러하니라 사랑 안에 두려움이 없고 온
전한 사랑이 두려움을 내어쫓나니 두려움에는 형벌이 있음이라 두
려워하는 자는 사랑 안에서 온전히 이루지 못하였느니라
(요한일서 4:16~18)

성도 여러분 여러분은 하나님에 대하여 어떠한 감정과 느낌이 있
습니까? 하나님에 대하여 어떤 사람은 하나님을 두려운 하나님으로
잘못을 찾아내어 벌 주시는 하나님으로 느껴지고 또 어떤 사람에게
는 따뜻한 어머니의 품속같은 사랑이 느껴지기도 합니다. 여러분은
어떻습니까? 하나님의 사랑이 느껴지고 믿어지십니까? 오늘 본문에
보면 하나님의 사랑안에 거하는 사람이 있고 하나님의 사랑안에 거
하지 못하는 사람이 있다고 했습니다.

어떤 사람이 하나님의 사랑안에 거하는 사람입니까? 그래서 오늘
은 '사랑안에 거하라'는 제목으로 말씀드리려고 합니다.

첫째로 하나님의 사랑안에 거하지 못하는 자에 대하여 말씀드립니다.

하나님의 사랑에 거하지 못하는 자는 어떤 사람입니까? 우선 하나님의 사랑을 알지 못하는 사람입니다. 하나님의 사랑을 알지 못한다는 것은 하나님의 사랑에 대한 지식이 없을 뿐 아니라 하나님의 사랑에 대한 체험도 없습니다. 하나님의 사랑이 느껴지지 않는 사람인 것입니다. 이러한 사람을 본문에서는 하나님의 사랑이 온전히 이루지 못한 자라고 하였습니다. 하나님의 사랑이 온전히 이루지 못한 자의 특징은 무엇입니까? 두려움입니다. 사랑 안에 거하지 못하는 자는 두려움이 있습니다.

사랑안에 거하는 자는 두려움이 없습니다. 그러나 사랑안에 거하지 못 할 때 두려움이 있는 것입니다. "사랑 안에 두려움이 없고 온전한 사랑이 두려움을 내어쫓나니 두려움에는 형벌이 있음이라 두려워하는 자는 사랑 안에서 온전히 이루지 못하였느니라"고 하였습니다. 어린아이가 엄마의 품에 있을 때 평안이 있습니다. 그러나 모르는 사람에게 가면 사랑이 느껴지지 않기 때문에 불안하여 웁니다. 성도도 하나님의 사랑을 알고 믿어 사랑안에 거할 때 두려움이 없어지는 것입니다.

성도가 사랑안에 거하지 못하면 어떤 두려움이 있습니까? 형벌에 대한 두려움입니다. 하나님께서 어떤 벌을 주시지 않을까? 하나님께서 과연 나를 버리지 않으실까? 과연 나와 함께 하실까? 등의 두려움입니다. 이러한 두려움들은 사탄이 주는 것들입니다. 디모데후서 1장 7절 말씀에 "하나님이 우리에게 주신 것은 두려워하는 마음이 아니요 오직 능력과 사랑과 근신하는 마음이니" 라고 하였습니다. 하나님께서 우리에게 두려움을 주시지 않습니다. 두려움과 불안 공포를 주는 것은 사탄인 것입니다. 사탄을 말합니다. 너같은 죄인을 하나님은 사랑하시지 않는다. 하나님께서 너와 함께하지 않으실 것이다. 하나님은 너를 버리셨다. 등으로 우리에게 불안 공포 좌절을 주는 것입니다. 사탄의 이러한 속삭임을 단호히 물리치 십시오 사탄아 물러가라! 하나님은 나를 사랑하신다. 사랑안에 거하지 못할 때 이러한 사탄의 음성을 듣게 되는 것입니다.

둘째로 사랑안에 거하는 자는 어떤 사람입니까?

사랑안에 거하는 자는 하나님의 사랑을 알고 믿는 사람입니다. 본문에 "하나님이 우리를 사랑하시는 사랑을 우리가 알고 믿었노니 하나님은 사랑이시라 사랑 안에 거하는 자는 하나님 안에 거하고 하나님도 그 안에 거하시느니라" 믿음이란 무엇입니까? 하나님께서 우리를 얼마나 사랑하고 계시는 지를 알고 그 사랑을 믿는 것입니다. 우리가 어느날 하나님의 사랑을 깨닫고 하님께서 나를 이렇게 사랑 하셨다는 것을 믿게 될 때가 있는데 우리는 그것을 구원 받았다고 하는 것입니다. 구원이란 무엇입니까? 하나님의 사랑을 알고 믿는 것입니다.

하나님의 사랑을 알고 믿는 자 즉 사랑안에 거하는 자는 두려움이 없습니다. 온전한 사랑이 두려움을 내어 쫓기 때문입니다. 하나님의 사랑안에서 사라지는 두려움은 어떤 두려움입니까? 바로 심판의 두려움입니다. 성도들의 두려움은 심판의 두려움일 것입니다. 그러나 하나님의 사랑안에 거하는 자는 심판대 앞에서도 담대합니다. 본문 17절 말씀에"이로써 사랑이 우리에게 온전히 이룬 것은 우리로 심판

날에 담대함을 가지게 하려 함이니 주의 어떠하심과 같이 우리도 세상에서 그러하니라"고 하였습니다. 하나님의 사랑으로 우리의 죄를 다 씻어주심을 믿는 다면 무엇이 두렵겠습니까? 사랑안에 두려움이 없는 것입니다.

사랑안에 거하면 형벌의 두려움도 없어집니다. 하나님은 구원받은 성도에게 형벌을 주시지않습니다. 다만 사랑의 징계가 있을 뿐입니다. 시편 103편 8~11말씀에 "여호와는 자비로우시며 은혜로우시며 노하기를 더디 하시며 인자하심이 풍부하시도다 항상 경책지 아니하시며 노를 영원히 품지 아니하시리로다 우리의 죄를 따라 처치하지 아니하시며 우리의 죄악을 따라 갚지 아니하셨으니 이는 하늘이 땅에서 높음같이 그를 경외하는 자에게 그 인자하심이 크심이로다"라고 하셨습니다. 하나님은 우리의 죄를 따라 처치하지 않으시는 분이십니다. 우리의 죄를 따라 갚지 않으시는 분이십니다. 사랑안에 거하는 자는 이러한 하나님의 사랑을 믿기에 평안과 안식이 있는 것입니다.

셋째로 사랑안에 거하려면 어떻게 해야 합니까?

먼저 구속의 사랑을 믿어야 합니다. 본문 9~10절 말씀에 "하나님의 사랑이 우리에게 이렇게 나타난 바 되었으니 하나님이 자기의 독생자를 세상에 보내심은 저로 말미암아 우리를 살리려 하심이니라 사랑은 여기 있으니 우리가 하나님을 사랑한 것이 아니요 오직 하나님이 우리를 사랑하사 우리 죄를 위하여 화목제로 그 아들을 보내셨음이니라"고 하셨습니다. 우리를 살리시려고 독생자를 보내신 사랑, 우리의 죄값을 갚으시려고 그 아들을 화목제로 보내신 그 사랑을 믿어야 합니다. 하나님께서 나를 사랑하셔서 독생자를 아끼지 않으시고 보내어 주셨다는 사실을 믿는 것이 사랑안에 거하는 것입니다.

　사랑안에 거하려면 용서하시는 하나님의 사랑을 믿어야 합니다. 우리는 늘 실수하고 넘어지나 하나님은 우리를 계속 용서하십니다. 일흔번씩 일곱 번이라도 용서하라고 하신 주님께서 지금도 용서하고 계신다는 것을 알고 그 사랑을 믿어야 합니다. 주님을 세 번씩이나 부인한 베드로를 용서하신 주님께서 지금도 용서하고 계시다는 것을 알고 믿는 것이 사랑안에 거하는 것입니다.

　이사야 44장 22절 말씀에 "내가 네 허물을 빽빽한 구름의 사라짐같이, 네 죄를 안개의 사라짐같이 도말하였으니 너는 내게로 돌아오라 내가 너를 구속하였음이니라" 라고 하였습니다. 이러한 하나님의 사랑을 믿는 것이 사랑 안에 거하는 것입니다. 사랑 안에 거하려면 상주시는 하나님의 사랑을 믿어야 합니다. 하나님은 우리를 사랑하시기 때문에 좋은 것으로 주시기를 원하십니다. 천국, 영생을 주시고 가난보다는 부요를, 질병보다는 건강을, 평강과 형통함을 주시는 분이십니다. 이러한 하나님의 사랑을 알고 믿을 때 사랑 안에 거하게 되는 것입니다.

　하나님께서 어떠한 사랑으로 우리를 사랑하고 계시는지 알고 그 사랑을 믿음으로 하나님 안에 거하시는 성도 여러분이 다 되시기를 주님의 이름으로 축원합니다.

영접하는 자

영접하는 자 곧 그 이름을 믿는 자들에게는 하나님의 자녀가 되는
권세를 주셨으니 이는 혈통으로나 육정으로나 사람의 뜻으로 나지
아니하고 오직 하나님께로서 난 자들이니라

(요한복음 1:12~13)

예수 그리스도를 영접하는 자에게는 하나님의 자녀가 되는 권세를
주십니다. 그리고 하나님의 생명으로 다시 태어나게 됩니다. 예수님
을 영접하는 자에게 모든 약속이 다 되어 있습니다. 예수님을 영접
한다는 것은 무엇입니까? 어떻게 예수님을 영접 하는 것입니까? 이
러한 질문들이 많습니다. 그래서 오늘은 그리스도를 영접하는 의미
에 대하여 말씀드리겠습니다.

첫째로 영접의 의미입니다.

본문에 영접이라는 말은 헬라어의 '람바노'라는 단어를 사용하였습
니다. 람바노는 '취하다'라는 단어로서 마태복음 7장 8절과, 10장 8
절에는 '얻는다' 는 의미로 쓰였고, 마태복음 15장 26절에는 '취하다'
는 뜻으로 쓰였으며 또 마태복음16장 9절에는 '주웠다'는 의미로, 27
장 30절에는 '빼앗다'는 의미로 쓰였습니다. 그래서 이 단어는 '성령
을 받는다, 구원을 받는다, 죄사함을 받는다' 등의 동사로 사용되고
있습니다. 그래서 본문에 영접이라고 번역된 람바노는 선물을 줄 때

받는다는 뜻임을 알 수가 있습니다. 로마서 5장 17절에 "한 사람의 범죄를 인하여 사망이 그 한 사람으로 말미암아 왕 노릇 하였은즉 더욱 은혜와 의의 선물을 넘치게 받는 자들이 한 분 예수 그리스도로 말미암아 생명 안에서 왕 노릇 하리로다."라는 말씀에서 '선물을 넘치게 받는다.'가 바로 람바노입니다. 그래서 이 영접, 람바노라는 말은 하나님께서 우리에게 주신 선물을 알고 그 선물을 나의 것으로 받는 것입니다.

예수 그리스도를 영접한다는 것은 무엇입니까? 영접이란 어떤 의식이나 형식이 아닙니다. 어떤 형식에 따라서 "예수 그리스도를 영접합니다"라는 고백을 한다고 해서 영접하는 것이 아닙니다. 하나님께서 예수 그리스도를 통하여 우리에게 주신 모든 선물을 알고 나의 것으로 받고 취하는 것이 영접입니다. 예수 그리스도를 영접하십시오. 하나님의 선물을 나의 것으로 받으십시오. 그리고 취하십시오, 그리고 주장하십시오, 천국은 침노하는 자의 것입니다.

'영접하는 자 곧 그 이름을 믿는 자들에게는 하나님의 자녀가 되는 권세를 주셨으니' 하나님의 선물은 영접하는 자의 것입니다. 주어도 받지않는 자는 아무것도 가질 수가 없습니다. 하나님은 우리에게 선물을 주셨습니다. 영접하십시오. 받으십시오. 받는 자의 것입니다.

둘째로 어떻게 영접해야 합니까?

하나님께서 우리에게 주신 선물은 어떤 것입니까?

영접이란 하나님께서 주신 선물을 알고 나의 것으로 받는 것이라고 말씀드렸습니다. 그러면 하나님께서 우리에게 주신 선물들이 어떤 것인가를 살펴보겠습니다. 하나님께서 우리에게 주신 선물중에 먼저 속죄의 선물이 있습니다. 골로새서 1장 14절에 "그 아들 안에서 우리가 구속 곧 죄 사함을 얻었도다"라고 하였고 에베소서 1장 7절에도 "우리가 그리스도 안에서 그의 은혜의 풍성함을 따라 그의 피로 말미암아 구속 곧 죄 사함을 받았으니"라고 하였습니다. 구속 곧 죄사함을 받았다고 하였습니다. 하나님께서 그리스도를 통하여 우리에게 주신 속죄의 선물입니다. 이 선물을 받아 죄사함 받은 것을 믿으십시오. 이사야 44장 22절에 "내가 네 허물을 빽빽한 구름의 사라짐같이, 네 죄를 안개의 사라짐같이 도말하였으니 너는 내게로 돌아오라 내가 너를 구속하였음이니라"고 하였습니다. 이 선물을 나의 것으로 받을 때 그것이 바로 영접입니다.

하나님은 속죄의 선물을 받은 사람에게 영생의 선물을 주십니다. 로마서 6장 23절에 "죄의 삯은 사망이요 하나님의 은사는 그리스도 예수 우리 주 안에 있는 영생이니라"라고 하였습니다. 하나님의 위대한 선물, 바로 영생입니다. 죽지 않고 영원히 살 수 있는 생명을 주시는 것입니다. 요한복음 6장 47절에 주님께서 친히 말씀하시기를 "진실로 진실로 너희에게 이르노니 믿는 자는 영생을 가졌나니"라고 하셨습니다. 예수 그리스도를 믿는 자에게 주시는 이 선물, 영생의 선물을 받으십시오. 믿는 자는 영생을 가진 것입니다. 하나님께서 주신 영생의 선물을 나의 것으로 받는 것이 주님을 영접하는 것입니다.

영생의 선물을 받은 사람에게는 양자권의 선물을 주십니다. 하나님의 자녀가 되는 권세입니다. 예수 그리스도를 믿는 사람은 누구나 하나님의 아들입니다. 갈라디아서 3장 26절에 "너희가 다 믿음으로 말미암아 그리스도 예수 안에서 하나님의 아들이 되었으니"라고 했습니다. 이 선물을 나의 것으로 받아야 합니다. 이 선물을 받은 자는 하나님의 후사가 됩니다. 후사란 상속자를 말합니다. 천국의 기업을 상속하는 아들이 되는 것입니다. 우리에게 위대한 기업이 있습니다. 베드로전서 1장 3~4절에 "찬송하리로다 우리 주 예수 그리스도의 아버지 하나님이 그 많으신 긍휼대로 예수 그리스도의 죽은 자 가운데서 부활하심으로 말미암아 우리를 거듭나게 하사 산 소망이 있게 하시며 썩지 않고 더럽지 않고 쇠하지 아니하는 기업을 잇게 하시나니 곧 너희를 위하여 하늘에 간직하신 것이라"고 했습니다. 이 선물을 받으시기 바랍니다.

셋째로 그리스도를 영접한 사람에게 주시는 복이 있습니다.

　영접하는 자 곧 그 이름을 믿는 자들에게는 하나님의 자녀가 되는 권세를 주신다고 하였습니다. 만왕의 왕이신 하나님의 자녀가 되는 권세입니다. 혈통이나 육정으로 난 것이 아니라 하나님의 뜻으로, 말씀으로 난 자들입니다. 이러한 하나님의 자녀들에게는 천국의 상속권을 주시고 영생을 선물로 주실 뿐 아니라 성령을 선물로 주십니다. 사도행전 2장 38절~39에 보면 "베드로가 가로되 너희가 회개하여 각각 예수 그리스도의 이름으로 세례를 받고 죄 사함을 얻으라 그리하면 성령을 선물로 받으리니 이 약속은 너희와 너희 자녀와 모든 먼 데 사람 곧 주 우리 하나님이 얼마든지 부르시는 자들에게 하신 것이라"고 하였습니다. 구원받은 하나님의 자녀가 이 세상에 살 동안에 능력 있는 삶을 살게 하시려고 성령의 선물을 주신 것입니다. 성령께서 주님 오실 때까지 하나님의 자녀들을 지키시고 인도하실 것입니다. 성령님은 우리안에서 계속 증거하십니다. 로마서 8장 16절에 "성령이 친히 우리 영으로 더불어 우리가 하나님의 자녀인 것을 증거하시나니"라고 하였습니다. 성령님은 우리안에서 확신을 주시고 구원의 감격과 기쁨을 주십니다. 하나님께서 주신 성령의 선물을 받아서 항상 기쁨과 감격의 삶을 사십시오. 성령님은 주님 오시는 날 까지 우리를 책임지실 것입니다. 에베소서 4장 30절에 보면 "하나님의 성령을 근심하게 하지 말라 그 안에서 너희가 구속의 날 까지 인치심을 받았느니라"고 하였습니다. 이 사실을 믿고 나의 것으로 받을 때 주님을 영접하는 것입니다.

저는 오늘 예수 그리스도를 영접하는 것이 무엇이며 그 복이 무엇인지를 말씀 드렸습니다. 그리스도를 영접한다는 것은 하나님께서 그리스도를 통하여 주신 선물이 무엇인가를 알고 그 선물을 나의 것으로 받는 것이라고 말씀 드렸습니다. 하나님께서 그리스도를 통하여 주신 선물들을 나의 것으로 믿고 받으십시오. 속죄의 선물, 영생의 선물, 양자권의 선물을 나의 것으로 믿는 것이 영접입니다. 그리스도를 영접하는 사람에게 성령을 주셔서 능력있는 삶을 살게 하시는 복도 주십니다. 그리스도를 영접하여 이러한 귀한 복들을 누리시는 성도가 되시기를 주님의 이름으로 축원합니다.

구속함을 받은 자

〰〰〰〰〰〰〰〰〰〰〰

> 거기 대로가 있어 그 길을 거룩한 길이라 일컫는 바 되리니 깨끗지
> 못한 자는 지나지 못하겠고 오직 구속함을 입은 자들을 위하여 있
> 게 된 것이라 우매한 행인은 그 길을 범치 못할 것이며 거기는 사자
> 가 없고 사나운 짐승이 그리로 올라가지 아니하므로 그것을 만나지
> 못하겠고 오직 구속함을 얻은 자만 그리로 행할 것이며 여호와의
> 속량함을 얻은 자들이 돌아오되 노래하며 시온에 이르러 그 머리
> 위에 영영한 희락을 띠고 기쁨과 즐거움을 얻으리니 슬픔과 탄식이
> 달아나리로다
>
> (이사야 35:8~10)

천국의 대로에 행할 사람은 오직 구속함을 받은 자라고 하였습니다. 천국에는 의를 많이 행한 사람이 가는 곳이 아니며 공로가 많은 사람이 가는 곳이 아닙니다. 오직 구속함을 받은 자가 가는 곳입니다. 천국에 갈 수 있는 자격은 구속함을 받았는가 입니다. 그러면 어떻게 구속함을 받는 것입니까? 구속함을 받는다는 것은 그리스도의 구속을 믿는 것입니다. 그리스도의 구속을 어떻게 믿어야 합니까?

첫째로 대속함을 믿어야 합니다.

마태복음 20장 28절에는 "인자가 온 것은 섬김을 받으려 함이 아니라 도리어 섬기려 하고 자기 목숨을 많은 사람의 대속물로 주려

함이니라"고 했습니다. 이 구절에서 대속이라는 말은 구속이라는 말의 다른 번역입니다. 대속이란 '대신했다'라는 뜻입니다. 대신 고난 당하고 대신 죽고 대신 갚았다는 뜻입니다. 구속을 믿는다는 것은 예수님이 내 대신 죽으셨다는 것을 믿는 것입니다.

옛날에 프랑스에서는 젊은 청년들이 전쟁터에 징집되어 나갈 때 귀족들은 다른 사람을 값을 주고 대신 보낼 수 있도록 허락을 했다고 합니다. 그 때에 어떤 사람이 다른 사람을 값을 주고 전쟁터에 다른 사람을 대신 보낸 적이 있었습니다. 그런데 대신 전쟁에 나간 사람이 그만 전사하고 말았습니다. 그런데 얼마 후 다시 그 사람에게 전쟁에 나가라는 소집 영장이 나왔습니다. 그러자 그는 국왕에게 진정서를 올렸습니다. '나는 이미 다른 사람이 대신 죽었습니다. 한 번 죽었으면 되지 또 죽어야 합니까?' 국왕은 그 진정서를 받고 '그렇다 한번 죽었으면 되었다. 두 번 죽을 필요는 없는 것이다' 라고 하면서 그를 전쟁에 보내지 않았다는 것입니다. 그렇습니다. 예수님이 내 대신 죽으셨습니다. 내 대신 고난 당하시고 내 대신 죽으셨다는 사실을 믿는 것이 구속입니다.

둘째, 죄를 없이 함을 믿어야 합니다

구속이란 죄를 없이 한다는 뜻입니다. 이사야 27장 9절에 보면 "야곱의 불의가 속함을 얻으며 그 죄를 없이함을 얻을 결과는 이로 인하나니"라고 했습니다. 죄사함 받는 것이 구속입니다. 구속이라는 말을 구약의 히브리어로는 '죄를 덮었다.' 신약의 헬라어로는 '죄를 씻었다' 라고 되어 있습니다. 구속은 죄사함 받은 것을 믿는 것입니다. 골로새서 1장 13~14절에 "그가 우리를 흑암의 권세에서 건져

내사 그의 사랑의 아들의 나라로 옮기셨으니 그 아들 안에서 우리가 구속 곧 죄 사함을 얻었도다"라고 했습니다.

구속은 죄사함을 받는 것입니다. 죄사함 받았다는 것을 믿었다면 구속을 받은 것이요 죄사함 받은 것을 아직 알지 못한다면 구속함을 받지 못한 것입니다. 예수 그리스도의 피로 죄 씻음을 받은 사람이 구속받은 사람이며 천국에 갈 사람인 것입니다. 요한 계시록 7장 13~14절에 "장로 중에 하나가 응답하여 내게 이르되 이 흰 옷 입은 자들이 누구며 또 어디서 왔느뇨 내가 가로되 내 주여 당신이 알리이다 하니 그가 나더러 이르되 이는 큰 환난에서 나오는 자들인데 어린 양의 피에 그 옷을 씻어 희게 하였느니라"고 했습니다. 천국의 흰옷 입은 무리들은 구속 곧 죄사함 받은 사람들인 것입니다.

셋째, 값을 치렀다는 것을 믿는 것입니다.
구속이란 값을 치렀다는 뜻입니다. 값을 주고 샀다는 말입니다. 예수님의 피값을 주고 우리를 사셨다는 것이 구속입니다. 베드로 전서 1장18~19절에 "너희가 알거니와 너희 조상의 유전한 망령된 행실에서 구속된 것은 은이나 금같이 없어질 것으로 한 것이 아니요 오직 흠 없고 점 없는 어린 양 같은 그리스도의 보배로운 피로 한 것이니라"고 했습니다. 예수님의 보배로운 피로 우리를 사심으로 우리가 구속함을 받은 것입니다. 우리는 주님의 것입니다.

주님께서 피값으로 우리를 사셨기 때문입니다. 고린도전서 6장 9절에 보면 "값으로 산 것이 되었으니 그런즉 너희 몸으로 하나님께 영광을 돌리라"고 했습니다. 나를 구원하시기 위하여 엄청난 값이 지불되었습니다. 우주를 주고도 바꿀 수 없는 하나님의 아들의 피를 값으로 주신 것입니다. 구원받은 사람은 보통 사람들이 아닙니다. 엄청난 값이 치러진 보배로운 존재들인 것입니다. 구속함을 받은 성도 여러분 여러분들이 예수 그리스도를 믿고 구속함을 받았다면 자존감을 가지십시오. 하나님의 보배로운 존재들처럼 사시기를 바랍니다. 나를 위하여 보혈의 값이 치러졌다는 확신과 믿음을 가지는 것이 구속함을 받은 것입니다.

넷째, 해방 받은 것을 믿어야 합니다.

　구속이란 해방 받았다는 뜻입니다. 요한계시록 1장 5절에 보면 "우리를 사랑하사 그의 피로 우리 죄에서 우리를 해방"하셨다고 기록되어 있습니다. 예수 그리스도의 피로 죄사함 받고 해방을 받은 것입니다. 구속이라는 말은 원래 노예가 해방될 때 사용하는 말입니다. 우리는 원래 죄의 노예였습니다. 그러나 예수 그리스도의 구속으로 해방을 받았습니다. 어디에서 해방을 받았습니까? 먼저 죄에서 해방을 받았습니다. 죄악의 사슬에서 완전히 해방되어 빛의 자녀가 된 것입니다.

　그리고 죄에서만 해방 받은 것이 아니고 죄의 형벌인 지옥의 형벌에서도 해방을 받았습니다. 지옥의 공포는 사라지고 영원한 행복을 누리는 천국의 소망을 가지게 된 것입니다. 성도가 구속을 받았다는 것은 율법의 저주에서 해방되었다는 뜻입니다. 갈라디아서 3장 13절에 보면 "그리스도께서 우리를 위하여 저주를 받은 바 되사 율법의 저주에서 우리를 속량하셨으니 기록된 바 나무에 달린 자마다 저주 아래 있는 자라 하였음이라"라고 하였습니다. 로마서 8장 1~2절에

"그러므로 이제 그리스도 예수 안에 있는 자에게는 결코 정죄함이 없나니 이는 그리스도 예수 안에 있는 생명의 성령의 법이 죄와 사망의 법에서 너를 해방하였음이라"라고 했습니다. 예수 그리스도 안에서 죄와 사망의 법에서 해방 받은 사람이 곧 구속받은 사람인 것입니다. 복음성가 가사에 "나 자유 얻었네 너 자유 얻었네 우리 자유 얻었네 주 말씀 하시길 죄 사슬 끊겼네 우리 자유 얻었네" 자유와 해방을 얻는 것이 구속을 받은 것입니다.

구속은 내 대신 십자가에 죽으심으로 죄 값을 갚아주신 예수 그리스도를 믿고 영접하는 것입니다. 성도 여러분 예수 그리스도의 구속을 믿고 다 천국의 대로에 행하는 특권을 누리시기를 주님의 이름으로 축원합니다.

천국의 책들

\\\\\\\\\\\\\\\\\\\\\\\\\\\\\\\\\\

또 내가 보니 죽은 자들이 무론 대소하고 그 보좌 앞에 섰는데 책들
이 펴 있고 또 다른 책이 펴졌으니 곧 생명 책이라 죽은 자들이 자
기 행위를 따라 책들에 기록된 대로 심판을 받으니 바다가 그 가운
데서 죽은 자들을 내어 주고 또 사망과 음부도 그 가운데서 죽은 자
들을 내어 주매 각 사람이 자기의 행위대로 심판을 받고 사망과 음
부도 불 못에 던지우니 이것은 둘째 사망 곧 불 못이라 누구든지 생
명 책에 기록되지 못한 자는 불 못에 던지우더라

(요한계시록 20:12~15)

사도 요한은 하나님의 보좌 앞에 책들이 펴있는 계시를 보았습니
다. 죽은 사람들은 이 책들에 의하여 그들의 운명이 결정되고 있었
습니다. 하나님의 보좌 앞에 있는 책들은 어떤 책이며 우리는 어디
에 그 이름이 기록되어 있을까요 오늘은 하늘의 책들에 대하여 묵상
해보겠습니다. 하늘의 책들은 세 가지가 있습니다. 그 세 가지의 책
들의 기록에 의하여 사람들의 운명은 달라집니다. 그 책들은 어떤
책입니까?

첫째로 죄와 사망의 책입니다.

죄의 책이 있습니다. 본문의 요한의 계시 가운데 사람들은 책에 기
록된 대로 그 행위를 따라 심판을 받았다고 했습니다. 이 말씀에 의

하면 사람들의 죄가 기록된 책입니다. 이 책에는 각 사람 일생의 모든 죄가 낱낱이 기록이 되어 있습니다. 죄의 책의 기록은 심판을 위하여 기록되는 것입니다. 사람들이 지은 죄는 죽음과 함께 끝나지 않습니다. 죄의 보응은 죽음 너머에까지 따라갑니다. 그래서 죄인은 반드시 심판을 받게 되고 지옥의 형벌을 받게 되는 것입니다.

성경 히브리서 9장 27절에 "한 번 죽는 것은 사람에게 정하신 것이요 그 후에는 심판이 있으리니"라고 하였습니다. 그래서 이 죄의 책은 사망의 책이라고도 할 수 있습니다. 세상의 법정에서도 재판을 할 때 보면 그 범죄 기록에 의하여 재판을 하는 것을 볼 수가 있습니다. 그 기록에 의하여 재판관은 법에 따라서 정죄 하고 형벌을 선고 하는 것입니다. 마찬가지로 하늘의 법정에서도 죄의 책이 있어서 심판을 받게 되는 것입니다. 이러한 죄의 책에 이름이 있는 사람들은 정말 비극적인 운명을 가지게 됩니다. 그래서 본문에서도 "누구든지 생명 책에 기록되지 못한 자는 불 못에 던지우더라"고 했습니다. 이 죄의 책에는 구원받지 못한 모든 사람의 이름이 다 있습니다. 죄 책에 이름이 있는 한 계속 정 죄를 받게 되고 모든 범죄들이 기록되는 것입니다. 혹시 당신의 이름이 죄와 사망의 책에 있는 것은 아닙니까? 구원받지 못했다면 아직도 죄의 책에 이름이 있다는 것을 알아야 합니다.

둘째로 생명의 책이 있습니다.

생명 책은 구원받은 사람들의 이름이 기록된 책입니다. 생명 책에 이름이 있는 사람은 죄와 사망의 책에서 이름이 지워진 사람입니다. 어떻게 생명 책에 이름이 올라갈 수 있을 까요? 죄인이었지만 예수님의 보혈의 공로를 믿고 죄 씻음을 받아 의롭다함을 얻은 사람들의 이름이 생명 책에 이름이 기록되는 것입니다. 요한계시록 7장 14절에 "내가 가로되 내 주여 당신이 알리이다 하니 그가 나더러 이르되 이는 큰 환난에서 나오는 자들인데 어린양의 피에 그 옷을 씻어 희게 하였느니라"고 했습니다. 어린양의 피에 그 옷을 씻어 희게 한 사람, 구속받은 사람의 이름이 생명 책에 이름이 기록된 것입니다.

언제 생명 책에 이름이 기록되는 것입니까? 말씀을 듣고 예수 그리스도를 개인의 구주로 영접할 때 그 이름이 죄와 사망 책에서 생명 책으로 옮겨지는 것입니다. 요한복음 5장 24절에 "내가 진실로 진실로 너희에게 이르노니 내 말을 듣고 또 나 보내신 이를 믿는 자는 영생을 얻었고 심판에 이르지 아니하나니 사망에서 생명으로 옮겼느니라"고 했습니다. 생명 책에 이름이 기록되는 순간 죄와 사망의 책에서 이름이 지워지고 더 이상 죄의 책에 그 죄가 기록되지 않는 것입니다. 생명 책에 이름이 있는 사람들은 스스로 그 사실을 알고 있습니다. 성경에도 모세가 알았고 다윗도 알았으며 바울도 알고 있었습니다. 심지어 바울은 자신의 제자들의 이름이 생명 책에 있는 것도 알고 있었습니다. 빌립보서 4장 3절에 "또 참으로 나와 멍에를 같이한 자 네게 구하노니 복음에 나와 함께 힘쓰던 저 부녀들을 돕고 또한 글레멘드와 그 위에 나의 동역자들을 도우라 그 이름들이 생명 책에 있느니라"고 했습니다.

성도 여러분 여러분은 당신의 이름이 생명 책에 기록되었다는 것을 확신하고 있습니까? 그리스도 안에서 구속의 체험으로 생명 책에 기록됐음을 확신하고 승리하는 성도가 되시기를 바랍니다.

셋째로 기념 책이 있습니다.

생명 책에 이름이 있는 구원받은 사람은 기념 책에 이름이 기록됩니다. 기념 책은 구원받은 사람에게 상급을 주시기 위하여 주님을 위해 일한 것을 기록한 책입니다. 말라기 3장 16절 말씀에 "그 때에 여호와를 경외하는 자들이 피차에 말하매 여호와께서 그것을 분명히 들으시고 여호와를 경외하는 자와 그 이름을 존중히 생각하는 자를 위하여 여호와 앞에 있는 기념 책에 기록하셨느니라"고 하였습니다. 구원받은 사람들은 기념 책에 기록된 대로 상을 받게 될 것입니다. 하나님의 나라를 위하여 일을 많이 한 사람은 많은 상을, 적게 한 사람은 적은 상을 아무 것도 하지 않은 사람은 아무 상도 받지 못할 것입니다.

요한계시록 22장 12절 말씀에 "보라 내가 속히 오리니 내가 줄 상이 내게 있어 각 사람에게 그의 일한 대로 갚아 주리라"고 했습니다. 주님 오시는 그때 각 사람에게 일한 대로 갚아 주실 것입니다. 우리가 이 세상에서 잠깐 사는 동안에 주님을 위하여 하는 작은 일들에 의하여 영원한 하늘의 상급을 받게 됩니다. 그래서 우리가 이 세상에 잠깐 사는 동안의 그 삶이 얼마나 중요한지 모릅니다. 이 세상의 것은 다 잠시 지나가는 것입니다. 돈도 명예도 권세도 다 지나가는 것입니다. 세상의 것은 영원한 것이 없습니다. 그래서 성도는 세상에 소망을 두어서는 안됩니다. 잠깐 동안에 지나가는 것에 대하여 소망을 두지 말고 영원한 상급에 목표와 소망을 두어야 합니다.

요한일서 2장15~17절에 "이 세상이나 세상에 있는 것들을 사랑치 말라 누구든지 세상을 사랑하면 아버지의 사랑이 그 속에 있지 아니하니 이는 세상에 있는 모든 것이 육신의 정욕과 안목의 정욕과 이 생의 자랑이니 다 아버지께로 좇아온 것이 아니요 세상으로 좇아온 것이라 이 세상도, 그 정욕도 지나가되 오직 하나님의 뜻을 행하는 이는 영원히 거하느니라"고 했습니다. 그래서 믿음의 선조들은 세상의 삶의 목표를 영원한 상급에 두고 살았습니다.

사도 바울도 빌립보서 3장 14절에 말하기를 "푯대를 향하여 그리스도 예수 안에서 하나님이 위에서 부르신 부름의 상을 위하여 좇아가노라"고 하였습니다. 히브리서 11장 24절에 모세에 대하여 말하기를 "믿음으로 모세는 장성하여 바로의 공주의 아들이라 칭함을 거절하고 도리어 하나님의 백성과 함께 고난받기를 잠시 죄악의 낙을 누리는 것보다 더 좋아하고 그리스도를 위하여 받는 능욕을 애굽의 모든 보화보다 더 큰 재물로 여겼으니 이는 상 주심을 바라봄이라"고 했습니다. 하늘의 영원한 상을 목표로 하는 삶이 구원받은 성도의 삶입니다.

성도 여러분, 먼저 생명 책에 이름이 기록된 확신이 있어야 하고 기념 책에 많은 상급의 기록이 있어야 하겠습니다. 오늘도 여러분의 하늘의 책의 기록들을 확인하시고 확신 있는 신앙으로 승리하시기 바랍니다.

우리를 구원하시되

\\

> 우리도 전에는 어리석은 자요 순종치 아니한 자요 속은 자요 각색
> 정욕과 행락에 종 노릇 한 자요 악독과 투기로 지낸 자요 가증스러
> 운 자요 피차 미워한 자이었으나 우리 구주 하나님의 자비와 사람
> 사랑하심을 나타내실 때에 우리를 구원하시되 우리의 행한 바 의로
> 운 행위로 말미암지 아니하고 오직 그의 긍휼하심을 좇아 중생의
> 씻음과 성령의 새롭게 하심으로 하셨나니 성령을 우리 구주 예수
> 그리스도로 말미암아 우리에게 풍성히 부어 주사 우리로 저의 은혜
> 를 힘입어 의롭다 하심을 얻어 영생의 소망을 따라 후사가 되게 하
> 려 하심이라
> (디도서 3:3~7).

사도바울은 자신이 구원받은 은혜로운 일에 대하여 묵상하면서 감격하는 내용의 구절이 본문입니다. 성도 여러분 여러분들은 어떻게 구원받았습니까? 하나님께서 우리를 어떻게 구원하셨는지 묵상해보고 은혜를 나누어 보겠습니다.

첫째로 행위가 아니라 긍휼 하심을 따라 구원하셨습니다.

사람들은 행위로 구원받으려는 속성이 있습니다. 행위란 두 가지가 있습니다. 하나는 선행을 말하는 것이며 또 하나는 율법의 행위를 말합니다. 선행이란 의로운 행위를 말합니다. 사람들은 구원받

으려면 선행이나 공로가 있어야 한다고 생각하는 것입니다. 그리고 율법의 행위는 율법을 지키는 행위를 말하는 것입니다. 많은 사람들이 율법을 잘 지켜야 구원을 받는다고 생각을 하고 있습니다. 이러한 생각을 하는 사람을 율법주의라고 합니다. 그러나 성경은 행위로 구원받는 것이 아니라고 말하고 있습니다.

에베소서 2장 8~9절에 보면 "너희가 그 은혜를 인하여 믿음으로 말미암아 구원을 얻었나니 이것이 너희에게서 난 것이 아니요 하나님의 선물이라 행위에서 난 것이 아니니 이는 누구든지 자랑치 못하게 함이니라"고 하였습니다. '행위에서 난 것이 아니니' 구원은 행위에서 난 것이 아닙니다. 성경은 행위로 구원을 얻을 수 없음을 강조하고 있습니다. 하나님께서 우리를 구원하실 때 우리의 행위를 보고 구원해 주신 것이 아닙니다. 우리를 불쌍히 여기셔서 사랑하셔서 구원해 주신 것입니다. 하나님께서 우리에게 베푸신 긍휼을 믿는 믿음으로 구원을 받는 것입니다.

사도 바울은 갈라디아서 2장 16절에 말하기를 "사람이 의롭게 되는 것은 율법의 행위에서 난 것이 아니요 오직 예수 그리스도를 믿음으로 말미암는 줄 아는 고로 우리도 그리스도 예수를 믿나니 이는 우리가 율법의 행위에서 아니고 그리스도를 믿음으로서 의롭다 함을 얻으려 함이라 율법의 행위로서는 의롭다 함을 얻을 육체가 없느니라"고 하였습니다. 율법의 행위로 구원받으려고 노력하는 사람을 보면 더 선해 보이고 옳은 것 같이 보일 수가 있습니다. 그러나 결코 율법의 행위로 구원받을 수 없습니다.

갈라디아 5장 4절에는 "율법 안에서 의롭다 함을 얻으려 하는 너희는 그리스도에게서 끊어지고 은혜에서 떨어진 자로다"라고 하였습니다. 우리에게 베푸신 그 은혜와 긍휼하심을 따라 구원을 받은 것입니다. 그래서 우리는 그의 구원의 은혜를 묵상할 때 감사만이 있을 뿐입니다. 성도 여러분 하나님의 은혜를 믿으십시오. 은혜로 값없이 구원하신 하나님의 사랑을 받아들이십시오. 우리의 행위를 따라서 구원하신 것이 아니라 하나님의 사랑과 긍휼 하심을 따라서 구원을 받은 것입니다.

둘째, 속죄의 은혜로 구원하셨습니다.

'오직 그의 긍휼 하심을 좇아 중생의 씻음과 성령의 새롭게 하심으로 하셨나니' 본문은 구원의 체험을 중생의 씻음, 성령의 새롭게 하심이라고 표현하였습니다. 씻음을 받는 것이 구원입니다. 무엇을 씻음 받아야 합니까? 영혼의 죄를 씻음 받아야 합니다. 죄를 씻음 받지 않고는 결코 천국에 들어갈 수 없습니다. 천국은 죄를 짓지 않은 사람들이 들어가는 곳이 아니라 죄를 씻음 받은 사람들이 들어가는 곳입니다.

어떻게 죄 씻음을 받을 수 있습니까? 예수님께서 2천년 전 십자가에서 모든 죄를 다 씻으시기 위하여 보혈을 흘리셨습니다. 주님의 흘리신 보혈의 공로로 일생의 모든 죄를 속죄 받은 것입니다. 예수 그리스도의 보혈의 공로를 믿음으로 죄 씻음을 받을 수가 있습니다. 십자가의 구속의 은총을 믿고 죄 사함 받은 확신을 얻는 것을 중생의 체험이라고 합니다. 십자가의 속죄의 은총은 하나님의 사랑의 증거이며 표징입니다. 독생자를 보내셔서 십자가의 희생을 치르게 하심으로 우리의 죄를 씻으시고 그의 사랑을 나타내셨습니다.

죄인인 인간은 누구나 그 마음에 죄책감이 있습니다. 그 죄책감에서 벗어나기 위하여 온갖 방법을 다해도 사죄의 확신과 마음의 평강은 얻을 길이 없습니다. 그러나 오직 한 길이 있습니다. 오직 그리스도의 보혈의 공로를 믿음으로 되는 길입니다. 보혈의 공로를 믿을 때 죄책감이 사라지고 마음에 참 평강을 얻게 됩니다. 속죄의 경험은 '주의 보혈 능력 있도다 참 신기한 능력이로다' 라고 한 찬송가의 가사처럼 성령을 통하여 역사하시는 초자연적인 내적인 기적의 체험입니다. 하나님께서 우리를 구원하실 때 속죄의 경험, 중생의 씻음으로, 성령의 새롭게 하심으로 하셨습니다. 성도 여러분 이러한 체험을 하셨습니까? 속죄의 체험이 없으면 진정한 그리스도인이 아닙니다. 성도는 속죄의 체험으로 참 평강이 넘치는 사람입니다.

셋째, 영생의 소망으로 구원하셨습니다.

구원받은 사람에게 하나님께서 성령을 부어주십니다. 성령을 통하여 확신을 주시고 소망을 주십니다. 본문 디도서 3:6~7에 "성령을 우리 구주 예수 그리스도로 말미암아 우리에게 풍성히 부어 주사 우리로 저의 은혜를 힘입어 의롭다 하심을 얻어 영생의 소망을 따라 후사가 되게 하려 하심이라"고 하였습니다. 후사라는 말은 상속자라는 뜻입니다. 우리가 구원받아 하나님의 자녀가 될 때 우리를 하나님의 상속자로 세우셨다는 말입니다. 구원받은 성도는 하늘의 기업을 상속받을 후사입니다. 이 사실을 성령을 통하여 믿고 확신해야 기쁨과 감격을 누릴 수 있습니다.

구원받은 성도는 영생의 소망이 있습니다. 나를 믿는 자는 죽어도 살 것이라고 하는 주님의 약속이 믿어지는 것입니다. 영생의 소망을 가진 사람은 죽음의 공포가 없어집니다. 죽음의 공포가 사라지는 것은 영생의 소망을 가졌다는 증거입니다. 히브리서 2:14~15에 "자녀들은 혈육에 함께 속하였으매 그도 또한 한 모양으로 혈육에 함께 속하심은 사망으로 말미암아 사망의 세력을 잡은 자 곧 마귀를 없이 하시며 또 죽기를 무서워하므로 일생에 매여 종노릇하는 모든 자들을 놓아주려 하심이니"라고 하였습니다. 주님께서 육신을 입고 세상에 오신 것은 십자가를 통하여 우리의 죄를 씻으시고 사망의 저주에서 구속하심으로 우리로 하여금 사망의 공포에서 해방시켜 주시기 위함이었습니다.

그래서 구원받은 사람은 사망의 공포가 없습니다. 영생을 얻었기 때문입니다. 성도는 영원히 살 것입니다. 영원한 행복과 기쁨, 참 만족이 있는 천국에서 영원히 살게 되는 것입니다. 성령을 통하여 천국과 영생의 소망을 얻었습니다. 하나님께서 우리를 구원하실 때 성령을 부어 주셔서 영생의 소망을 주셨고 천국의 후사가 되게 하셨습니다. 성도 여러분 영생의 소망이 확실합니까? 구원받은 사람은 영생의 소망이 확실합니다. 성도 여러분, 구원의 확신과 감격을 잃지 마시고 항상 성령 충만하고 감사 감격이 넘치는 믿음의 삶이 되시기를 주님의 이름으로 축원합니다.

구원의 서정

\\\\\\\\\\\\\\\\\\\\\\\\\\\\\\\\\\\\

하나님이 미리 아신 자들로 또한 그 아들의 형상을 본받게 하기 위
하여 미리 정하셨으니 이는 그로 많은 형제 중에서 맏아들이 되게
하려 하심이니라 또 미리 정하신 그들을 또한 부르시고 부르신 그
들을 또한 의롭다 하시고 의롭다 하신 그들을 또한 영화롭게 하셨
느니라 (로마서 8:29~30)

  하나님께서 우리를 구원하실 때도 계획이 있고 순서가 있습니다.
하나님께서 계획하신 구원의 순서와 과정에 따라서 우리는 구원받고
계속 과정을 따라가고 있습니다. 이러한 구원의 순서와 과정을 '구원
의 서정'이라고 합니다. 본문은 이러한 구원의 서정을 말씀하고 있습
니다. 그래서 오늘은 '구원의 서정'을 묵상해보고 구원의 확신과 감
격을 다시 한번 누리는 기회가 되시기 바랍니다.

첫째는 하나님의 예정입니다.
  '하나님이 미리 아신 자들로 또한 그 아들의 형상을 본받게 하기
위하여 미리 정하셨'다고 했습니다. 미리 정하셨다는 말이 '예정하심'
입니다. 하나님은 인류를 구원할 계획을 세우셨는데 창세 전에 세우
신 계획입니다. 이 계획은 하나님의 원대한 계획입니다. 이 원대한
계획 속에 한 사람, 한 사람의 구원의 계획이 들어있습니다. 이러한
하나님의 구원의 계획을 하나님의 작정 또는 예정이라고 합니다. 이

러한 하나님의 예정에 따라서 하나님의 선택을 받은 사람이 있습니다. 하나님께서 구원하시고 천국의 백성이 되게 하시려고 택하신 사람이 있습니다. 하나님의 예정을 입어 택함 받은 사람은 신령한 복을 받은 사람입니다.

에베소서 1장 3~6절에는 "찬송하리로다 하나님 곧 우리 주 예수 그리스도의 아버지께서 그리스도 안에서 하늘에 속한 모든 신령한 복으로 우리에게 복 주시되 곧 창세 전에 그리스도 안에서 우리를 택하사 우리로 사랑 안에서 그 앞에 거룩하고 흠이 없게 하시려고 그 기쁘신 뜻대로 우리를 예정하사 예수 그리스도로 말미암아 자기의 아들들이 되게 하셨으니 이는 그의 사랑하시는 자 안에서 우리에게 거저 주시는 바 그의 은혜의 영광을 찬미하게 하려는 것이라"고 하였습니다. 하나님의 예정은 창세 전에 주신 하나님의 신령한 복이며, 하나님의 은혜입니다.

디모데후서1장 9절에는 "하나님이 우리를 구원하사 거룩하신 부르심으로 부르심은 우리의 행위대로 하심이 아니요 오직 자기 뜻과 영원한 때 전부터 그리스도 예수 안에서 우리에게 주신 은혜대로 하심이라"고 하였습니다. 하나님은 이렇게 구원받을 사람을 미리 예정하시고 택하신 것입니다.

둘째, 예정하신 자의 부르심입니다.
하나님께서는 구원받기로 예정된 자를 때가되면 부르십니다. 하나님의 택함을 받은 사람들은 여러 가지의 환경으로 부름을 받게 됩니다. 어떤 사람은 질병의 고통을 당하여 하나님께 나오게 되고 어떤 사람은 경제적인 어려움을 통하여 하나님께 나오게 되기도 합니다. 하나님은 여러 가지의 상황을 통하여 택하신 백성들을 부르십니다. 성도 여러분 여러분들의 삶과 신앙을 돌이켜 보십시오. 어떻게 하나님 앞에 나오게 되었으며 예수 그리스도를 믿게 되었는지! 다 하나님의 부르심의 섭리에 의하여 하나님 앞에 나오게 되었고 예수님을 믿게 된 것입니다.

하나님의 인도하시는 섭리에 따라서 교회에 나오게 되는 것을 외적인 부르심이라고 합니다. 이러한 외적인 부르심 외에 내적인 부르심이 있습니다. 내적인 부르심은 복음으로의 부르심을 말합니다. 데살로니가후서 2장 13~14절에 "주의 사랑하시는 형제들아 우리가 항상 너희를 위하여 마땅히 하나님께 감사할 것은 하나님이 처음부터 너희를 택하사 성령의 거룩하게 하심과 진리를 믿음으로 구원을 얻게 하심이니 이를 위하여 우리 복음으로 너희를 부르사 우리 주 예수 그리스도의 영광을 얻게 하려 하심이니라"고 하였습니다. 하나님께서 우리를 부르실 때 복음을 통하여 부르신다는 것입니다. 복음을 듣고 구원을 받는 체험이 바로 내적인 부르심이며 진정한 부르심인 것입니다. 하나님은 그의 택하신 사람들을 때가 되면 만날 사람을 만나게 하시고 복음을 듣게 하셔서 구원하신 것입니다.

셋째, 의롭다하심입니다.
"또 미리 정하신 그들을 또한 부르시고 부르신 그들을 또한 의롭다 하시고 의롭다 하신 그들을 또한 영화롭게 하셨느니라." 하나님은 택하신 사람들을 복음으로 부르신 다음에 의롭다 하십니다. 의롭다 하심의 경험은 예수 그리스도의 의를 힘입어 의인되는 경험을 말합니다. 복음을 듣고 구원받는 경험입니다. 이러한 구원의 경험을 통하여 하나님께 창세 전에 택함 받았다는 확신을 가지게 됩니다. 복음을 믿고 구원의 확신을 얻은 후에야 예정의 확신을 알게 되는 것입니다.

데살로니가전서 1:4~5에 "하나님의 사랑하심을 받은 형제들아 너희를 택하심을 아노라 이는 우리 복음이 말로만 너희에게 이른 것이 아니라 오직 능력과 성령과 큰 확신으로 된 것이니 우리가 너희 가운데서 너희를 위하여 어떠한 사람이 된 것은 너희 아는 바와 같으니라"고 했습니다. 의롭다하심의 경험 즉 구원의 체험은 우리의 신앙의 가장 중요한 체험이라고 할 수 있습니다. 아직 구원의 체험이 없다면 그 사람은 아직 외적인 부르심에 머물러있는 사람입니다. 복음을 듣고 구원받은 경험은 우연히 된 것이 아닙니다. 하나님의 예정된 사람에게 하나님의 뜻에 따라서 복음을 듣게 하시고 믿어지게 하셔서 구원받도록 인도하신 것입니다. 이러한 확신이 있다면 확실히 택함 받은 하나님의 백성인 것입니다.

넷째, 영화롭게 하심입니다.
구원의 서정 중 마지막은 영화입니다. 하나님의 예정을 입은 자를 부르셔서 의롭다 하시고 궁극적으로는 영화롭게 하십니다. 영화란 불멸의 몸을 입는 부활을 말합니다. 예수님의 재림 때에 성도는 영화됩니다. 고린도전서 15장 52~54절에 "나팔 소리가 나매 죽은 자들이 썩지 아니할 것으로 다시 살고 우리도 변화하리라 이 썩을 것이 불가불 썩지 아니할 것을 입겠고 이 죽을 것이 죽지 아니함을 입으리로다. 이 썩을 것이 썩지 아니함을 입고 이 죽을 것이 죽지 아니함을 입을 때에는 사망이 이김의 삼킨 바 되리라고 기록된 말씀이 응하리라"고 하였습니다. 썩을 몸이 썩지 않을 몸으로 변화되는 것, 영원 불멸의 몸을 입게 되는 것이 바로 영화인 것입니다.

영화는 성도가 썩지 않을 몸을 입을 뿐 아니라 영원히 주님과 함께 천국에서 사는 것이 영화입니다. 이러한 영화는 의롭다하심을 받은 자에게만 있을 것입니다. 구원받은 사람에게는 영화가 남아있는 것입니다. 구원받은 사람이 영화 되기 전에 세상에 사는 동안을 성화라고 합니다. 의롭다 하심을 입고 구원받은 후에 세상에 사는 동안 즉 영화 되기 전의 삶은 성화의 과정입니다. 성화의 삶이란 거룩한 삶을 말합니다. 주님을 닮아 가는 삶입니다. 칭의나 영화는 순간적으로 이루어지는 일이지만 성화는 일생동안의 과업입니다. 구원받은 성도는 세상에 사는 동안 믿음이 아름답게 성장하여 점점 주님을 닮아가게 됩니다. 성화의 정도는 사람에 따라서 다 다르게 될 것입니다. 조금 성화된 사람, 더 많이 성화된 사람 등 차이가 있을 것입니다. 이러한 성화의 정도에 따라서 하늘의 상급을 주실 것입니다. 세상에서 잠시 사는 동안에 거룩한 삶을 살아서 영광의 면류관을 받으시기 바랍니다.

오늘은 구원의 서정에 관하여 묵상해 보았습니다. 말씀을 통하여 자신이 어떤 과정에 있는지 살펴보고 확신을 가지게 되시기 바랍니다. 베드로후서 1장 10절에 "그러므로 형제들아 더욱 힘써 너희 부르심과 택하심을 굳게 하라 너희가 이것을 행한즉 언제든지 실족치 아니하리라"라고 하였습니다. 여러분을 어떻게 부르셨는지, 어떻게 구원하셨는지 묵상하고 견고한 믿음으로 승리하시기를 주님의 이름으로 축원합니다.

왜 구원의 확신을 가져야 하는가?

하나님의 아들을 믿는 자는 자기 안에 증거가 있고 하나님을 믿지
아니하는 자는 하나님을 거짓말하는 자로 만드나니 이는 하나님께
서 그 아들에 관하여 증거하신 증거를 믿지 아니하였음이라 또 증
거는 이것이니 하나님이 우리에게 영생을 주신 것과 이 생명이 그
의 아들 안에 있는 그것이니라

아들이 있는 자에게는 생명이 있고 하나님의 아들이 없는 자에게는
생명이 없느니라 내가 하나님의 아들의 이름을 믿는 너희에게 이것
을 쓴 것은 너희로 하여금 너희에게 영생이 있음을 알게 하려 함이라
(요한일서 5:10~13)

'꼭 구원의 확신이 있어야 구원을 받을 수 있습니까?', '구원의 확
신이 없으면 구원받을 수 없는 것입니까?' 가끔 이러한 질문을 받습
니다. 물론 이러한 질문을 하는 사람들은 구원의 확신이 없는 분들
입니다. 교인들 중에는 구원의 확신을 가지지 못한 사람들이 많습니
다. 구원의 확신이란 구원에 대한 믿음을 말하는 것입니다. 오늘 주
님께서 재림하신다고 해도 확실히 천국에 갈 수 있다는 확신입니다.
왜 이러한 구원의 확신이 있어야만 할까요? 구원의 확신이 없다면
어떻게 될 까요?

첫째로 하나님을 거짓말 하는 자로 만드는 것이라고 했습니다.

본문에 보면 예수 그리스도를 믿는 자는 자기안에 증거가 있다고 하였습니다. "하나님의 아들을 믿는 자는 자기 안에 증거가 있고 하나님을 믿지 아니하는 자는 하나님을 거짓말하는 자로 만드나니 이는 하나님께서 그 아들에 관하여 증거하신 증거를 믿지 아니하였음이라"(요일 5:10). 만일 그 마음 속에 증거가 없다면 하나님을 거짓말 하는 자로 만드는 것이라고 하였습니다. 그러면 믿는 사람의 마음 속에 있어야 하는 증거는 무엇입니까?

사도요한은 계속해서 말하기를 "또 증거는 이것이니 하나님이 우리에게 영생을 주신 것과 이 생명이 그의 아들 안에 있는 그것이니라"(요일 5:11)고 하였습니다. 믿는 자 속에 있어야 할 증거는 영생의 확신 즉 구원의 확신이라는 것입니다.

윌버 채프만이 학생 시절에 무디 선생의 전도집회에 참석했을 때의 일입니다. 채프만은 무디를 찾아 가서 상담을 하게 되었습니다. "무디 선생님, 저는 거듭남의 확신이 없습니다." 무디는 말하기를 "당신은 예수 그리스도를 믿습니까?"라고 물었습니다. 그러자 그는 "저는 믿기는 믿는데 자신이 없습니다."라고 대답했습니다. 무디는 요한복음 5장 24절 말씀을 읽어보라고 했습니다. "내가 진실로 진실로 너희에게 이르노니 내 말을 듣고 또 나 보내신 이를 믿는 자는 영생을 얻었고 심판에 이르지 아니하나니 사망에서 생명으로 옮겼느니라." 채프만에게 이를 믿느냐고 하니 믿는다고 했습니다. "그러면 당신에게 영생이 있습니까?"라고 다시 질문하니 그는 "글쎄요"라고 했습니다. 무디가 한번 더 읽으라고 했습니다. "믿는 자는 영생을 얻었고!" "당신은 이제 믿습니까?" "제가 믿는다고 여러 번 말씀드리지 않았습니까?" "당신에게 영생이 있습니까?" "글쎄 제가 그것을 모르겠습니다." 이때 무디가 소리쳤습니다. "당신이 무엇인데 하나님을 무시합니까? 하나님께서 믿는 자에게 영생이 있다면 있는 것이지!" 그의 고함소리에 깜짝 놀라며 "그러면 나에게 영생이 있다는 것입니까?"라고 되물었습니다. "하나님이 있다면 있는 것이지!"라는 무디의 말에 채프만은 자신이 여태껏 하나님의 말씀을 믿지 않은 것을 깨닫게 되었습니다.

그 이후 그는 신학 공부를 하고 D.L.무디가 은퇴했을 때 그 교회의 목사가 되었습니다. 그 채프만은 한국에도 다녀 갔는데 그는 그 깨달음 후에 전 세계에 다니며 요한복음 5장 24절을 주로 설교했다고 합니다. 구원의 확신이 없다는 것은 하나님의 증거를 믿지 않는다는 것이며, 하나님의 증거를 믿지 않는다는 것은 하나님을 거짓말하는 자로 만드는 것입니다.

둘째로, 구원의 확신이 없다면 의롭다 하심을 받을 수 없기 때문입니다.
의롭다 하심이란 믿음을 하나님께 인정받았다는 뜻입니다. 하나님께 인정받는 믿음은 구원의 확신이 있어야 합니다. 믿음의 조상 아브라함도 확신을 가짐으로 의롭다 하심을 얻었습니다. 로마서 4장 19~22절에 보면 "그가 백 세나 되어 자기 몸의 죽은 것 같음과 사라의 태의 죽은 것 같음을 알고도 믿음이 약하여지지 아니하고 믿음이 없어 하나님의 약속을 의심치 않고 믿음에 견고하여져서 하나님께 영광을 돌리며 약속하신 그것을 또한 능히 이루실 줄을 확신하였으니 그러므로 이것을 저에게 의로 여기셨느니라"(롬 4:19~22)고 하였습니다.

아브라함이 의롭다하심을 받은 것은 불가능한 환경에서도 약속에 대한 확신을 가졌을 때 의롭다하심을 받은 것입니다. 우리가 의롭다 하심을 받는 것도 마찬가지입니다. 하나님께서 우리에게 약속하신 것을 확신할 때 의롭다고 인정받게 되는 것입니다. 하나님께서 우리에게 약속하신 것은 무엇입니까? 아브라함에게 약속하셨던 것은 자손의 복이었습니다. 우리에게 약속하신 것은 영생의 약속입니다.

요한일서 2장 25절에 "그가 우리에게 약속하신 약속이 이것이니 곧 영원한 생명이니라"고 하였습니다. 구원의 확신이 없다는 것은 이 약속을 믿지 않는 것입니다. 약속을 믿지 않는 사람을 어떻게 의롭다 하심을 얻겠습니까? 구원의 확신은 하나님의 약속에 대한 확신인 것입니다. 구원의 확신을 가진 사람의 믿음이 하나님께 인정받는 믿음인 것입니다. 구원의 확신을 갖고 의롭다 하심을 얻는 복을 누리시기를 주님의 이름으로 축원합니다.

셋째로, 구원의 확신이 없으면 하나님의 집이 될 수 없습니다.

성경은 구원받은 성도들을 교회, 곧 하나님의 집이라고 했습니다. 하나님의 집이 되는 것은 아무나 되는 것이 아니고 구원의 확신을 가진 사람이 가지는 특권입니다. 히브리서 3장 6절에 보면 "그리스도는 그의 집 맡은 아들로 충성하였으니 우리가 소망의 담대함과 자랑을 끝까지 견고히 잡으면 그의 집이라"고 하였습니다. 이 본문에서 소망의 담대함이란 구원의 확신을 말하는 것입니다. 우리의 소망은 영생의 소망 곧 구원의 소망입니다. 이 소망에 대하여 확신과 자랑을 가진 사람이 하나님의 집입니다. 구원의 확신이 없는 사람은 하나님의 집이 될 수 없습니다. 그래서 성도에게 가장 시급한 문제가 있다면 구원의 확신 문제입니다. 이미 구원의 확신을 가진 성도가 있다면 구원의 은혜를 귀하게 여기고 .

히브리서 2장 3~4절에 보면 "우리가 이같이 큰 구원을 등한히 여기면 어찌 피하리요 이 구원은 처음에 주로 말씀하신 바요 들은 자들이 우리에게 확증한 바니 하나님도 표적들과 기사들과 여러 가지 능력과 및 자기 뜻을 따라 성령의 나눠 주신 것으로써 저희와 함께 증거하셨느니라"고 하였습니다. '이같이 큰 구원을 등한히 여기면 어찌 피하리요! 구원을 등한히 여기는 것이 무서운 죄악이라는 말씀입니다. 그래서 본문 6절에 구원에 대한 자랑을 가져야 한다고 한 것입니다. 성도는 세상에 대한 자랑은 하지 말아야 한다고 하였습니다. 그러나 주안에서 자랑이 있어야 한다고 하였습니다. 이 자랑이 곧 구원의 확신인 것입니다.

구원의 확신을 귀하게 여기고 큰 자랑으로 여기시기 바랍니다. 이러한 확신과 자랑을 아직 가지지 못했다면 속히 목사님과 상담하셔서 구원의 확신을 가지시기 바랍니다. 구원의 확신을 가진 사람이 하나님의 집입니다. 구원의 확신과 자랑을 가지고 항상 승리하는 성도가 되시기를 주님의 이름으로 축원합니다.

II. 인도하시는 목자

새 언약의 약속들

> 그 날에는 너희가 아무 것도 내게 묻지 아니하리라 내가 진실로 진
> 실로 너희에게 이르노니 너희가 무엇이든지 아버지께 구하는 것을
> 내 이름으로 주시리라 지금까지는 너희가 내 이름으로 아무 것도
> 구하지 아니하였으나 구하라 그리하면 받으리니 너희 기쁨이 충만
> 하리라
>
> (요한복음 16:23~24)

　예수님께서 승천하시기 전에 예수께서 우리에게 주신 약속을 새
언약이라고 합니다. 새 언약의 내용 중에 가장 중요한 약속은 영생
의 약속입니다. 그러나 새 언약에는 영생의 약속 외에도 구원받은
자의 삶을 위한 약속들이 있습니다. 이러한 약속을 믿고 실행 할 때
능력 있는 그리스도인의 삶이 됩니다. 우리의 삶을 위하여 주신 새
로운 약속들은 무엇입니까?

첫째로 기도 응답의 약속입니다.

　'지금까지는 너희가 내 이름으로 아무 것도 구하지 아니하였으나
구하라 그리하면 받으리니 너희 기쁨이 충만하리라' 예수 그리스도
이름으로 기도하면 응답해 주시겠다는 주님의 약속입니다. 이 약속을
믿고 기도하면 약속대로 응답해 주십니다. 구약 시대에는 예수님 이
름으로 기도하지 않았습니다. 그러나 예수님의 승천 후 부터는 예수

그리스도의 이름으로 기도하고 예수 그리스도의 이름으로 할 때 응답해 주신다는 약속입니다. 이는 기도의 응답이며 주님의 약속이며 약속은 반드시 이뤄집니다. 주님의 약속을 믿고 기도해 보십시오.

기도 응답의 약속에는 기도의 응답 외에도 두 가지의 복이 약속되어 있습니다. 첫째는 기쁨 충만의 약속입니다. '구하라 그리하면 받으리니 너희 기쁨이 충만하리라.' 기도의 응답을 받으면 구하는 내용도 응답 받지만 충만한 기쁨을 누리게 됩니다. 기도하지 않아도 하나님께서 이뤄 주실 때가 있습니다. 그러나 기도하고 응답을 받으면 같은 일이라도 기쁨이 충만해 지는 것입니다. 예수 그리스도의 이름으로 기도하십시오. 그리하면 응답은 물론이고 기쁨이 충만해질 것입니다. 기도의 복 두 번째는 평강의 복입니다. 빌립보서 4장 6~7절에는 "아무 것도 염려하지 말고 오직 모든 일에 기도와 간구로 너희 구할 것을 감사함으로 하나님께 아뢰라 그리하면 모든 지각에 뛰어난 하나님의 평강이 그리스도 예수 안에서 너희 마음과 생각을 지키시리라"고 했습니다.

기도하지 않을 때 염려가 있고 불안한 마음을 가질 수 있습니다. 염려는 기도의 반대말입니다. 어려운 일을 만나도 기도하는 자에게는 평안의 복이 있습니다. 마음의 평강은 기도의 복입니다. 기도하지 않기 때문에 염려하게 되고 두려워하게 되는 것입니다. 기도하십시오. 주님의 약속대로 기쁨과 평안을 누리게 될 것입니다. 기도응답의 약속은 새 언약의 약속입니다.

둘째, 사탄을 이기는 권세를 주신다는 약속입니다.

누가복음 10장 19~20절에 보면 "내가 너희에게 뱀과 전갈을 밟으며 원수의 모든 능력을 제어할 권세를 주었으니 너희를 해할 자가 결단코 없으리라 그러나 귀신들이 너희에게 항복하는 것으로 기뻐하지 말고 너희 이름이 하늘에 기록된 것으로 기뻐하라 하시니라"고 했습니다. 하늘에 이름이 기록된 자들 즉 구원받은 자들에게 주신 약속은 사탄의 능력을 제어 할 권세입니다. 예수 그리스도를 구주로 영접하는 자에게는 자녀의 권세를 주십니다. 그래서 요한복음 1장 12절에 "영접하는 자 곧 그 이름을 믿는 자들에게는 하나님의 자녀가 되는 권세를 주셨으니"라고 한 것입니다.

　구원받은 성도는 권세가 있습니다. 사탄이 성도보다 능력이 크지만 권세가 낮기 때문에 성도에게 굴복하는 것입니다. 권세는 능력 위에 있는 것입니다. 아무리 힘이 세고 능력이 있어도 높은 사람에게는 순종해야 합니다. 군대 가면 아무리 힘이 센 사람도 계급이 높은 사람에게 복종해야 합니다. 이것을 권세라고 하는 것입니다. 그런데 하나님께서 성도에게 사탄을 이기는 권세를 주셨다는 것입니다. 그래서 예수 그리스도의 이름으로 명령할 때 사탄이 항복하게 되는 것입니다. 권세자는 명령으로 일을 합니다. 권세자의 명령에 죽기도 하고 살기도 합니다. 성도에게도 권세가 있기 때문에 명령권이 있습니다. 그래서 마태복음 17장 20절에 보면 "가라사대 너희 믿음이 적은 연고니라 진실로 너희에게 이르노니 너희가 만일 믿음이 한 겨자씨만큼만 있으면 이 산을 명하여 여기서 저기로 옮기라 하여도 옮길 것이요 또 너희가 못할 것이 없으리라"고 했습니다. 산을 옮겨지라는 명령을 해도 옮겨진다는 것입니다. 우리에게 이러한 권세가 있다는 것을 확실히 알고 당당하게 사탄을 물리치고 명령해야 합니다. 성도는 승리자입니다. 로마서 8장 37절 말씀에 "그러나 이 모든 일에 우리를 사랑하시는 이로 말미암아 우리가 넉넉히 이기느니라"라고 하였습니다.

셋째, 동행의 약속입니다.

마태복음 28장 20절에 "내가 너희에게 분부한 모든 것을 가르쳐 지키게 하라 볼지어다 내가 세상 끝 날까지 너희와 항상 함께 있으리라 하시니라"라고 하였습니다. 세상 끝 날까지 주님께서 함께 하시겠다는 약속입니다. 동행의 약속입니다. 구원받은 성도를 하나님께서 영원히 지키시고 붙드시겠다는 귀한 약속입니다. 요한복음 10장 28~29절에 "내가 저희에게 영생을 주노니 영원히 멸망치 아니할 터이요 또 저희를 내 손에서 빼앗을 자가 없느니라 저희를 주신 내 아버지는 만유 보다 크시매 아무도 아버지 손에서 빼앗을 수 없느니라"고 하였습니다.

주님께서 자기 백성을 지키시겠다는 약속입니다. 성도는 이 약속을 믿고 평안을 가져야 합니다. 하나님께서는 이 약속대로 지금도 우리를 지키고 계십니다. 이러한 보장을 가지고 있는 사람들이 성도입니다. 디모데후서 1장 12절에서 바울은 간증하기를 "이를 인하여 내가 또 이 고난을 받되 부끄러워하지 아니함은 나의 의뢰한 자를 내가 알고 또한 나의 의탁한 것을 그 날까지 저가 능히 지키실 줄을 확신함이라"고 했습니다. '내가 믿고 또 의지함은 내 모든 형편 잘 아는 주님 늘 돌보아 주실 것을 나는 확실히 아네' 라는 찬송가의 가사처럼 동행의 약속을 믿고 확신 가운데 사는 성도들은 평안과 안식이 있습니다.

주님은 동행의 약속을 지키시기 위하여 성령님을 보내주셨습니다. 고린도후서 1장 21~22절에 "우리를 너희와 함께 그리스도 안에서 견고케 하시고 우리에게 기름을 부으신 이는 하나님이시니 저가 또한 우리에게 인 치시고 보증으로 성령을 우리 마음에 주셨느니라"고 했습니다. 성령께서 우리를 지켜주시고 인도하시는 보증이 되십니다. 성령께서는 우리를 언제까지 지켜주십니까? 에베소서 4장 30절에 "하나님의 성령을 근심하게 하지 말라 그 안에서 너희가 구속의 날까지 인치심을 받았느니라"고 하였습니다. 성령께서 구속의 날까지 지키시고 인도하실 것입니다.

성도 여러분 예수 그리스도를 통하여 우리에게 주신 새 언약의 약속들은 하나님의 큰 은혜요 복입니다. 이 약속들을 믿고 승리하시는 성도가 되시기를 주님의 이름으로 축원합니다.

새 일을 행하시는 하나님

보라 내가 새 일을 행하리니 이제 나타낼 것이라 너희가 그것을 알지 못하겠느냐 정녕히 내가 광야에 길과 사막에 강을 내리니 장차들짐승 곧 시랑과 및 타조도 나를 존경할 것은 내가 광야에 물들을, 사막에 강들을 내어 내 백성, 나의 택한 자로 마시게 할 것임이라 이 백성은 내가 나를 위하여 지었나니 나의 찬송을 부르게 하려 함이니라

(이사야 43:19~21)

IMF로 경제적인 어려움을 겪고 있는 우리 나라에 또 수해로 큰 피해를 입고 어려움을 당한 사람들이 많습니다. 이러한 국가적인 시련으로 많은 사람들이 상심 가운데 있습니다. 하나님께 매를 맞고 징계를 당하거나 환란과 시련으로 상심한 사람들에게 위로의 메시지를 주셨는데 바로 이사야서입니다. 이스라엘 백성들이 하나님 앞에 패역하여 하나님의 징계를 받았습니다. 성전은 무너지고 나라는 망하고 백성들은 포로로 잡혀갔습니다. 그러나 이스라엘의 징계는 70년이 지나면 회복될 것이라고 예레미야서를 통하여 예언하셨습니다. 예언된 70년이 되자 하나님은 이제 징계의 손을 거두시고 이스라엘에 복을 주시는 새 일을 행하셔야만 했습니다. 그러나 이스라엘 백성들의 마음 상태로는 복을 받을 수가 없었습니다. 그래서 위로와 믿음을 주기 위하여 이사야서를 주신 것입니다. 하나님은 믿음 있는 사람

을 통하여 새 일을 이루십니다. 우리는 어떤 믿음을 가져야 합니까?

첫째로 자존감을 가진 자에게 새 일을 행하십니다.

이스라엘 백성들은 하나님께 매맞고 버림받았다는 상처가 마음에 있었습니다. 좌절과 절망에 빠진 그들에게 새로운 확신을 주시기 위하여 이사야서를 주셨습니다. 본문 1절에서 3절에 보면 "야곱아 너를 창조하신 여호와께서 이제 말씀하시느니라 이스라엘아 너를 조성하신 자가 이제 말씀하시느니라 너는 두려워 말라 내가 너를 구속하였고 내가 너를 지명하여 불렀나니 너는 내 것이라 네가 물 가운데로 지날 때에 내가 함께 할 것이라 강을 건널 때에 물이 너를 침몰치 못할 것이며 네가 불 가운데로 행할 때에 타지도 아니할 것이요 불꽃이 너를 사르지도 못하리니 대저 나는 여호와 네 하나님이요 이스라엘의 거룩한 자요 네 구원자임이라 내가 애굽을 너의 속량 물로, 구스와 스바를 너의 대신으로 주었노라"고 하셨습니다.

비록 하나님께서 징계를 주셨으나 이스라엘 백성은 하나님께서 택하신 하나님의 백성이며 하나님께서 지키시고 인도하시는 백성이라는 것입니다. 하나님의 새 일을 이룰 사람은 하나님께 택함을 받았다는 확신이 있어야 합니다. 하나님께서 많은 사람 중에 나를 택하셔서 나를 인도하고 계신다는 확신이 있을 때 자존감이 있게되는 것입니다. 하나님은 왜 우리를 택하셨습니까? 하나님께서 사랑하시기 때문에 택하신 것입니다. 본문 4절에 말씀하시기를 "내가 너를 보배롭고 존귀하게 여기고 너를 사랑 하였은 즉 내가 사람들을 주어 너를 바꾸며 백성들로 네 생명을 대신하리니"라고 하셨습니다. 하나님께서 사랑하셨다고 말씀하고 계십니다. 하나님의 사랑을 받았다는 확신은 성도의 자존감입니다. 하나님께서 나를 사랑하셨다 는 확신을 가진 사람을 통해서 하나님은 새 일을 행하십니다.

하나님 앞에서 내가 누구인지 구원받은 내가 하나님 앞에 어떠한 존재인지를 확신 할 때 성도의 자존감이 올라가고 하나님의 새 일을 체험 할 수가 있는 것입니다. 나는 하나님께 택함 받은 사람이다. 하나님의 사랑을 받은 사람이며 하나님께 귀히 쓰임 받기 위하여 택함 받은 사람이라는 확신을 가집시다. 그래서 하나님의 새 일을 이루는 귀한 성도들이 되시기를 바랍니다.

둘째, 잊어버릴 줄 아는 사람에게 새 일을 행하십니다.

본문 18~19절에 보면 "너희는 이전 일을 기억하지 말며 옛적 일을 생각하지 말라보라 내가 새 일을 행하리니 이제 나타낼 것이라 너희가 그것을 알지 못하겠느냐 정녕히 내가 광야에 길과 사막에 강을 내리니"라고 하였습니다. 이 전일을 잊어버릴 줄 알아야 새 일을 행하십니다. 이 전 일이란 이스라엘이 하나님을 거역하고 죄 가운데 빠졌던 경험을 말합니다. 과거의 죄악들 때문에 죄책감이 그들을 누르고 열등감이 그들을 사로잡고 있었습니다. 이러한 상황 속에서 하나님은 그들에게 새 일을 행하실 수가 없었습니다. 죄책감이 없어져야 했습니다.

그래서 이사야서에는 계속해서 용서의 메시지를 전달합니다. 1장 18절에는 "여호와께서 말씀하시되 오라 우리가 서로 변론하자 너희 죄가 주홍 같을지라도 눈과 같이 희어질 것이요 진홍같이 붉을지라도 양털같이 되리라"고 하였고 44장 22절에는 "내가 네 허물을 빽빽한 구름의 사라짐같이, 네 죄를 안개의 사라짐같이 도말하였으니 너는 내게로 돌아오라 내가 너를 구속하였음이니라"고 하였습니다. 죄책감과 열등감, 좌절과 낙망에 빠져 있는 사람은 하나님께서 쓰실 수가 없습니다. 그래서 하나님께서는 이전 일을 기억하지 말라고 하십니다. 옛 적일을 생각지 말라고 하십니다. 성도 여러분 하나님의 속죄를 믿으십시오. 확신과 평안을 가지십시오. 하나님께서 용서하시고 기억지 않으신다고 하셨으니 우리도 하나님의 용서를 받아들이고 이전 일을 잊어버립시다. 그리고 하나님의 새 일을 이루십시다.

셋째, 하나님을 기대하는 사람에게 새 일을 행하십니다.

하나님은 새 일을 행하시는 분이십니다. 사막에 강을 내시고, 광야에 길을 내시며, 반석에서 물이 나게 하시는 분이십니다. 전지 전능하신 하나님을 기대하고 바라는 사람에게 새 일을 행하십니다. 하나님께 바라는 것이 없으면 믿음도 없는 것입니다. 믿음은 바라는 것의 실상이기 때문입니다. 시편 33편 18~19절에는 "여호와는 그 경외하는 자 곧 그 인자하심을 바라는 자를 살피사 저희 영혼을 사망에서 건지시며 저희를 기근 시에 살게 하시는 도다"고 하였습니다. 하나님은 자기를 바라는 자를 찾으십니다. 하나님을 바라고 기대하는 사람을 찾으사 건져주시고 기근 시에 살게 하십니다. 이어서 20~21절에는 "우리 영혼이 여호와를 바람이여 저는 우리의 도움과 방패시로다 우리 마음이 저를 즐거워함이여 우리가 그 성호를 의지한 연고로다"고 하였습니다. 하나님을 바라는 사람에게 하나님은 도움과 방패가 되십니다.

하나님은 하나님을 향하여 열망이 있는 사람을 찾으십니다. 쇠붙

이가 자석에 끌려오듯이 하나님도 하나님을 기대하고 열망하는 사람에게 끌리시는 것입니다. 주님께서도 물으십니다. 네게 무엇해주기를 원하느냐? 하나님께 바라는 것이 무엇입니까? 하나님께서 무엇을 해주시기를 바라십니까? 역사 이래로 주셔도 좋고 안 주셔도 좋습니다. 뜻대로 하소서하는 바람 부는대로 물결치는 대로 식의 태도로 구하는 사람은 응답 받은 예가 없습니다. 하나님은 바라는 자들에게 새 일을 행하십니다.

시편 37:9절에는 "대저 행악 하는 자는 끊어질 것이나 여호와를 기대하는 자는 땅을 차지하리로다"하나님을 기대하는 사람은 결코 실망을 당하지 않습니다. 하나님을 기대하고 바라십시오. 하나님만이 우리의 바람이며 소망입니다. 좋으신 하나님, 좋은 것을 주시는 하나님을 기대하십시오. 하나님을 기대하는 자에게 주십니다.

하나님은 새 일을 행하시려고 사람을 찾고 계십니다. 믿음이 충만한 사람, 하나님의 사랑에 확신을 가진 사람, 하나님을 기대하는 사람을 찾고 계십니다. 성도 여러분 사막에 강을 내시고 광야에 길을 내시는 하나님께서 새 일을 행하시려고 하십니다. 하나님의 사람이 되어서 하나님의 새 일을 경험하시는 성도가 되시기를 주님의 이름으로 축원합니다.

인자하심이 크심이라

여호와는 자비로우시며 은혜로우시며 노하기를 더디 하시며 인자
하심이 풍부 하시도다 항상 경책치 아니하시며 노를 영원히 품지
아니 하시리로다 우리의 죄를 따라 처치하지 아니하시며 우리의 죄
악을 따라 갚지 아니하셨으니 이는 하늘이 땅에서 높음같이 그를
경외하는 자에게 그 인자하심이 크심이로다

(시편 103:8~10)

성도의 믿음의 척도는 하나님의 사랑을 얼마나 알고 믿느냐 하는
데 있습니다. 아이들이 엄마의 사랑을 믿기 때문에 사랑 안에서 자
랍니다. 그러나 동생이 태어나고 엄마의 사랑을 동생이 빼앗아 간다
고 느끼면 삐뚤어진 성격이 나오게 됩니다. 사람은 사랑 받고 있음
을 믿을 때 정상적 자라갑니다. 영적인 삶도 그렇습니다. 하나님의
사랑을 믿을 때 영적으로 성장하게 되고 믿음의 힘이 나오는 것입니
다. 하나님께서 지금도 나를 사랑하고 계신다는 확신이 그리스도인
의 능력인 것입니다.

다윗은 자신의 삶을 돌이켜 보면서 하나님의 사랑을 깊이 체험하
고 말하기를 "하늘이 땅에서 높음같이 그를 경외하는 자에게 그 인
자하심이 크심이로다." 라고 하였습니다. 인자하심이란 하나님의 사
랑을 말하는 것입니다. 하나님의 인자하심을 크심을 알고 체험한 것

입니다. 왜 하나님의 사랑이 큽니까?

첫째로 그 인자하심이 영원하시기 때문입니다.

　본문 17절에 "여호와의 인자하심은 자기를 경외하는 자에게 영원부터 영원까지 이르며 그의 의는 자손의 자손에게 미치리니"라고 하였습니다. 하나님은 한번 사랑하신 자신의 사람들을 변함없이 끝까지 사랑하십니다. 하나님은 만세 전에 이미 자기의 사람들을 사랑하시고 택하셨습니다. 하나님의 사랑은 결코 변하지 않으십니다. 로마서 11장 29절에 보면 "하나님의 은사와 부르심에는 후회하심이 없느니라"고 하였습니다. 한번 하나님께서 택하신 사람은 결코 버리시지 않으신다는 확신입니다. 하나님의 사랑에 대한 이러한 확신이 있어야 능력 있는 신앙을 할 수 있습니다.

　바울은 이러한 확신이 충만한 사람이었습니다. 로마서 8장 38~39절에 "내가 확신하노니 사망이나 생명이나 천사들이나 권세자들이나 현재 일이나 장래 일이나 능력이나 높음이나 깊음이나 다른 아무 피조물이라도 우리를 우리 주 그리스도 예수 안에 있는 하나님의 사랑에서 끊을 수 없으리라"고 하였습니다. 끊을 수 없는 하나님의 사랑에 대한 확신입니다. 하나님은 하나님의 사랑하시는 자를 결코 버리시지 않습니다. 하나님의 그 사랑을 확신하고 의지하는 자가 승리하는 자입니다.

　시편 52편 8~9절에 "오직 나는 하나님의 집에 있는 푸른 감람나무 같음이여 하나님의 인자하심을 영영히 의지하리로다 주께서 이를 행하셨으므로 내가 영영히 주께 감사하고 주의 이름이 선함으로 주의 성도 앞에서 내가 주의 이름을 의지 하리이다"고 하였습니다. 하나님의 변함없는 사랑을 믿으십시오. 하나님은 결코 당신을 버리시지 않으십니다.

사 49장 15절에는 "여인이 어찌 그 젖 먹는 자식을 잊겠으며 자기 태에서 난 아들을 긍휼히 여기지 않겠느냐 그들은 혹시 잊을지라도 나는 너를 잊지 아니할 것이라." 여인이 젖먹는 자식을 혹시 잊을 지라도 하나님은 결코 잊지 않으신다는 약속입니다. 그래서 다윗은 하나님의 인자하심이 크시다고 노래한 것입니다.

둘째, 구속하심이 크시기 때문입니다.
다윗은 하나님의 크신 사랑을 어떻게 표현하였습니까? 한없는 하나님의 용서로 표현하였습니다. 하나님의 우리에게 대한 사랑은 그 용서와 속죄로 나타났습니다. 하나님의 용서를 체험 할 때 하나님의 사랑을 알게 됩니다. 본문 10~11절에 말씀하시기를 "우리의 죄를 따라 처치하지 아니하시며 우리의 죄악을 따라 갚지 아니하셨으니 이는 하늘이 땅에서 높음같이 그를 경외하는 자에게 그 인자하심이 크심이로다"고 하였습니다. 벌 받아야 마땅하고 매 맞아야 마땅한 죄인을 하나님은 용서하십니다. 죄를 따라 처치하지 않으시고 죄를 따라 갚지 않으신 하나님의 사랑입니다. 죄를 따라 처치했다면 죽었어야 마땅한 죄인인데 죄를 따지지 않으시고 오래 참으시고 노하기를 더디 하시고 우리를 용서하셨습니다.

왜 하나님께서 우리의 죄를 속죄하시고 우리를 용서하셨습니까? 사랑하셨기 때문입니다. 하나님의 속죄와 용서는 그 근원이 사랑입니다. 시편 103편 12~13절에 "동이 서에서 먼 것같이 우리 죄과를 우리에게서 멀리 옮기셨으며 아비가 자식을 불쌍히 여김같이 여호와께서 자기를 경외하는 자를 불쌍히 여기시나니" 라고 하였습니다. 아비가 자식을 사랑하여 불쌍히 여기는 것처럼, 하나님께서 우리를 사랑하시고 긍휼히 여기셔서 우리의 죄를 멀리 옮겨 버리시고 죄를 끝내 버리셨습니다. 하나님의 이 사랑을 믿어야 합니다. 하나님의 속죄를 믿는 것은 하나님의 사랑을 믿는 것입니다. 하나님의 구속의 사랑을 믿는 사람들이 바로 하나님의 자녀이며 성도인 것입니다. 성도 여러분 하나님은 당신을 사랑하십니다. 그 사랑이 독생자를 보내셨고 십자가를 지셨습니다. 그리고 당신의 모든 죄를 구속하셨습니다. 그 인자하심이 크심이로다. 왜 그 사랑이 크십니까?

셋째, 체질을 아시고 사랑하시기 때문이다.

"이는 저가 우리의 체질을 아시며 우리가 진토임을 기억하심이로다." 하나님께서 왜 우리를 사랑하셨을까요? 우리의 선행이나 공로를 보고 우리를 사랑하시고 택하신 것이 아닙니다. 나 자신보다 나를 더 잘 아시는 분이 있습니다. 그분은 하나님이 십니다. 하나님께서 나를 다 알고 택하셨습니다. 때로는 자신을 발견하고 자신에 대하여 실망할 때도 있습니다. 그러나 하나님은 내가 얼마나 부족하고 누추한 인간이지를 아시고 사랑하시고 택하신 것입니다. 베드로가 예수님을 세 번씩이나 부인 할 줄을 아시고도 주님은 베드로를 택하셨고 사랑하셨습니다. 우리가 예수님을 영접하고 잘 믿을 줄 아시고 택하신 것이 아니라 죄인이었을 때 택하셨습니다.

'주 예수 내가 알기 전 날 먼저 사랑 했네.' 주님은 죄 있는 모습 그대로 부족한 모습 그대로 우리를 받아주시고 사랑하신 것입니다. 로마서 5장 7~8절에 보면 "의인을 위하여 죽는 자가 쉽지 않고 선인을 위하여 용감히 죽는 자가 혹 있거니와 우리가 아직 죄인 되었을 때에 그리스도께서 우리를 위하여 죽으심으로 하나님께서 우리에게 대한 자기의 사랑을 확증하셨느니라"고 하였습니다. 우리가 아직 죄인 되었을 때 죄인인 모습 그대로 사랑하신 것입니다. 부모가 자녀를 사랑하는 것은 그의 외모를 보거나 그의 인간성이 좋아서 사랑하는 것이 아닙니다. 자녀이기 때문에 사랑하는 것입니다. 자녀가 연약하면 할수록 더 사랑하는 것이 부모의 사랑입니다.

흉악한 죄를 짓고 감옥에 갇혔습니다. 사람들은 그를 보고 욕을 하고 침을 뱉습니다. 그러나 그를 불쌍히 여기고 눈물을 흘리는 사람이 있습니다. 바로 그의 부모입니다. 부모는 그의 추악한 죄에 상관없이 자녀를 사랑합니다. 성도 여러분 하나님은 당신을 사랑하십니다. 지금도 우리의 부족하고 추한 모습에도 불구하고 하나님은 우리를 사랑하십니다. 하나님의 사랑을 믿고 그 사랑을 의지하고 힘을 내십시오. 하나님은 당신을 지금도 사랑하고 계십니다. 하나님의 사랑을 날마다 체험하고 승리하는 성도가 되시기 바랍니다.

"그러나 이 모든 일에 우리를 사랑하시는 이로 말미암아 우리가 넉넉히 이기느니라"(롬 8:37).

여호와는 나의 목자

여호와는 나의 목자시니 내가 부족함이 없으리로다. 그가 나를 푸른 초장에 누이시며 쉴 만한 물가로 인도하시는도다

(시편 23:1~2)

본문은 다윗이 지은 유명한 목자의 시입니다. 다윗은 목동 출신으로서 양과 목자의 관계를 잘 아는 사람입니다. 양은 목자 없이는 살 수 없는 짐승이며 좋은 목자의 인도를 받아야 행복해 진다는 것을 잘 아는 다윗이 하나님을 자신의 목자로, 자신을 하나님의 양으로 노래한 시입니다. 이 말씀을 통하여 선하신 목자이신 하나님과 우리의 관계를 묵상해 보고자 합니다. "여호와는 나의 목자시니 내가 부족함이 없으리로다." 하나님을 목자로 믿는 성도는 부족함이 없는 은혜와 복을 받게 됩니다. 어떻게 하나님을 나의 목자로 모실 수 있을까요?

첫째로 자신이 하나님 없이는 살 수 없는 양임을 고백해야 합니다.

다윗은 목동 출신이었기 때문에 양이 어떤 동물인지를 잘 알고 있었습니다. 다윗이 본문에서 말하고 있는 양은 우리 나라에서 흔히 볼 수 있는 염소 같은 것이 아닙니다. 이 양은 털 깎는 양 즉 면양을 말하는 것입니다. 이 양은 절대로 혼자서 살 수 없는 동물입니다. 반드시 목자가 있어야만 살아갈 수 있는 동물인 것입니다. 그 이유는

이 양의 특성 때문입니다. 양의 특성을 살펴보면 꼭 하나님 앞에 우리 성도들과 같은 점이 많습니다.

이 양은 방향 감각이 없는 동물입니다. 그래서 쉽게 길을 잃어버리고 길을 잃어버리면 스스로 집을 찾아오지 못합니다. 우리 성도들도 길을 잃으면 스스로 찾아오지 못합니다. 그래서 목자되신 주님께서 인도하셔야만 되는 것입니다. 또 양은 뒤집히면 스스로 일어나지 못한다고 합니다. 목자가 와서 일으켜 주지 않으면 짐승의 밥이 되거나 기진해서 죽을 수밖에 없다는 것입니다. 그래서 양은 스스로 살 수 없습니다. 다른 동물처럼 공격용 무기도 없고 방어용 무기도 없습니다. 그래서 양을 혼자 버려두면 다른 짐승의 밥이 되거나 길을 잃고 굶어 죽고 마는 것입니다. 양은 반드시 목자가 있어야 합니다. 본문의 목자의 시는 하나님을 향하여 '나는 연약한 양, 목자가 필요한 양입니다' 라는 고백의 시입니다.

양이 목자 없이 살 수 없듯이 하나님의 양인 우리들도 주님없이는 살 수 없는 하나님의 양이라는 것을 알고 고백할 때 하나님께서 우리의 목자가 되시는 것입니다. 성도 여러분, 여러분이 주님의 양인 것을 믿습니까? 양이 양인 것을 알 때 목자가 필요한 것입니다. 우리가 죄인인 것을 알 때 주님이 필요합니다. 주님께서 말씀하시기를 "예수께서 들으시고 저희에게 이르시되 건강한 자에게는 의원이 쓸데없고 병든 자에게라야 쓸데 있느니라 내가 의인을 부르러 온 것이 아니요 죄인을 부르러 왔노라 하시니라"고 하셨습니다. 죄인임을 고백 할 때 주님이 필요하듯이 우리가 양인 것을 고백 할 때 하나님께서 목자가 되어 주시는 것입니다. 하나님 없이는 살 수 없는 양인 것을 고백하시고 여호와 하나님을 목자로 모시는 복된 성도가 되시기를 주님의 이름으로 축원합니다.

둘째로, 하나님이 부족함이 없는 목자임을 믿어야 합니다.

양의 운명은 목자에게 달려있습니다. 실력이 없는 목자는 양들을 제대로 인도하지 못하고 양을 잃어버리기도 하고 양들을 고생시키기도 합니다. 그러나 실력있는 목자는 양을 잘 인도합니다. 양이 가야 할 길을 잘 알고 인도합니다. 양을 한 마리도 잃지 않고 양을 편안하게 해주는 것입니다. 하나님은 실력 있는 목자이십니다. 다윗은 "여호와는 나의 목자시니 내가 부족함이 없"다고 고백하였던 것입니다. 하나님은 부족함이 없는 목자이십니다. 전능하신 하나님이 목자가 되시는데 무엇이 부족하겠습니까? 양들은 든든한 목자가 있을 때 안심하고 풀을 뜯고 편안히 쉬는 것입니다.

하나님을 부족함이 없는 목자로 믿는다면 평안함을 얻을 수 있습니다. 성도가 불안해하고 염려한다면 목자이신 하나님을 불신하는 것입니다. 다람쥐는 작고 연약한 짐승이지만 결코 맹수에게 잡히지 않습니다. 다람쥐는 기발한 호신책을 갖고 있습니다. 사나운 짐승이나 몸집이 큰 동물이 습격해오면 다람쥐는 큰 바위틈으로 들어가 버립니다. 아무리 사납고 강한 동물이라도 바위틈에 몸을 숨긴 다람쥐를 잡아낼 도리가 없습니다. 작고 나약한 다람쥐에게는 거대한 바위산이 천연의 요새인 것입니다.

우리의 요새는 무엇입니까? 부족함이 없는 목자이신 하나님이십니다. 다윗은 시편18편 1~2절에 고백하기를 "나의 힘이 되신 여호와여 내가 주를 사랑하나이다. 여호와는 나의 반석이시요 나의 요새시요 나를 건지시는 자시요 나의 하나님이시요 나의 피할 바위시요 나의 방패시요 나의 구원의 뿔이시요 나의 산성이시로다"라고 하였습니다. 하나님은 부족함이 없는 목자시며 우리의 요새이십니다. 성도 여러분 우리의 바위가 되시고 피난처가 되시는 하나님을 믿으십시오. 두려워하지도 마시고 염려 걱정하지 마십시오. 여호와는 나의 목자시니 내가 부족함이 없으리로다. 하나님을 목자로 믿고 승리하시는 성도가 되시기 바랍니다.

셋째로, 하나님이 선하신 목자이심을 믿어야 합니다.

선한 목자는 양을 사랑합니다. 주님께서는 친히 자신을 선한 목자라고 하셨습니다. 요한복음 10장14~15절에 "나는 선한 목자라 내가 내 양을 알고 양도 나를 아는 것이 아버지께서 나를 아시고 내가 아버지를 아는 것 같으니 나는 양을 위하여 목숨을 버리노라"고 하셨습니다. 양을 사랑하는 목자, 그리고 양을 위하여 목숨을 버리는 목자, 그 분이 바로 우리 하나님이십니다. 하나님은 선한 목자이시기 때문에 우리를 푸른 초장 쉴만한 물가로 인도 하십니다.

하나님은 반드시 좋은 곳, 복된 곳으로 인도하실 것입니다. 양들은 목자를 따라 가면서 목자를 기대하면서 따라 갑니다. 때로는 가는 길이 험하고 어려워도 결국 좋은 곳에 도달 할 것을 기대하며 따라가는 것입니다. 이와 같이 우리도 하나님을 선한 목자로 믿는다면 하나님을 향하여 기대를 가져야 합니다. 하나님께서 우리를 푸른 초장 쉴 만한 물가로 인도하실 것을 기대하고 따라가야 하는 것입니다. 때때로 고난의 길을 만날 때가 있습니다. 때 때로 시련의 길을 갈 때도 있습니다. 그러한 때에라도 하나님을 기대해야 합니다. 하나님은 결국 우리를 복된 곳으로 인도하실 것이기 때문입니다.

그래서 로마서 8장 28절 말씀에 "우리가 알거니와 하나님을 사랑하는 자 곧 그 뜻대로 부르심을 입은 자들에게는 모든 것이 합력하여 선을 이루느니라"고 하였습니다. 하나님의 택함을 받은 사람들에게는 때때로 어려운 일도 결국 복이 된다는 뜻입니다. 다시 하나님은 좋은 일이나 어려운 일이나 다 서로 작용해서 결국 복이 되게 하신다는 말씀입니다.

그래서 성도는 환난 중에도 하나님의 선하심을 기대하는 것입니다. 하나님은 은혜와 복을 바라보는 것입니다. 하나님께서는 하나님을 목자로 믿는 그의 백성을 결코 버리시지 않으십니다. 그리고 반드시 복을 주실 것입니다. 히브리서 6장 14~15절에 말씀하시기를 "가라사대 내가 반드시 너를 복 주고 복 주며 너를 번성케 하고 번성케 하리라 하셨더니 저가 이같이 오래 참아 약속을 받았느니라"고 하셨습니다. 반드시 하나님께서 복 주실 것을 믿으십시오. 그를 기대하고 바라십시오. 하나님께서 이루어 주실 것입니다.

"여호와는 나의 목자시니 내가 부족함이 없으리로다. 그가 나를 푸른 초장에 누이시며 쉴 만한 물가로 인도하시는도다." 전능하신 하나님, 선하시고 사랑 많으신 하나님을 목자로 삼고 그를 따르는 양이 되어 승리하시는 성도님들이 되시기를 주님의 이름으로 축원합니다.

인도하시는 목자

그가 나를 푸른 초장에 누이시며 쉴 만한 물가로 인도하시는도
다. 내 영혼을 소생시키시고 자기 이름을 위하여 의의 길로 인도하
시는도다. 내가 사망의 음침한 골짜기로 다닐지라도 해를 두려워하
지 않을 것은 주께서 나와 함께 하심이라 주의 지팡이와 막대기가
나를 안위하시나이다

(시편 23:2~4)

목자는 양을 인도하는 사람입니다. 목자마다 양을 인도하는 방법
이 있습니다. 실력 있는 목자는 양을 잘 인도하고 양을 어떻게 인도
해야 할지를 잘 알고 있습니다. 하나님은 부족함이 없으신 목자로서
그의 양인 우리를 잘 인도하십니다. 부족함이 없는 목자이신 하나님
께서 어떻게 양을 인도하시는지를 묵상해보면 큰 은혜가 되고 확신
을 얻게 될 것입니다. 오늘은 선한 목자되신 주님의 인도 방법에 대
하여 묵상해 보고자 합니다. 하나님은 우리를 어떻게 인도하실까요?

첫째로 푸른초장 쉴만한 물가로 인도하십니다.
　다윗은 "그가 나를 푸른 초장에 누이시며 쉴 만한 물가로 인도
하시도다"라고 하였습니다. 이 말씀은 목자에 대한 기대를 말하는
것입니다. 목자는 어느 곳에 푸른 초장이 있으며 어느 곳에 좋은 물
이 있는지를 잘 알고 있습니다. 양은 이러한 목자를 신뢰하고 따릅

니다. 목자가 반드시 좋은 곳으로 인도 할 것을 믿는 것입니다. 우리의 목자이신 하나님께서도 우리가 어느 곳으로 가야 할 것인지 어느 곳이 좋은 곳인 지를 잘 알고 계십니다. 하나님은 반드시 우리를 좋은 곳으로 인도 하실 것입니다. 우리는 하나님을 믿고 신뢰하며 그분을 따라갑니다. 그리고 좋은 곳으로 인도 하실 것을 기대하면서 따라 가는 것입니다.

목자가 때때로 양들을 광야 사막 같은 곳으로 인도 할 때도 있습니다. 그러나 양들은 목자를 믿고 계속 따라갑니다. 그 길이 더 좋은 곳으로 가기 위한 지름 길이기 때문입니다. 하나님께서 우리를 인도하시는 방법도 그렇습니다. 때때로 광야같은 곳으로 인도하실 지라도 오히려 복 주시는 길이라는 것을 믿고 우리는 따라야 되는 것입니다. 하나님께서 이스라엘 백성을 가나안 땅으로 인도하실 때 광야를 통과하게 하셨습니다. 왜 하나님께서 이스라엘을 삭막한 광야로 인도하셨을까요?

성경 신명기 8장 15~16절에는 이렇게 말씀하고 있습니다. "너를 인도하여 그 광대하고 위험한 광야 곧 불 뱀과 전갈이 있고 물이 없는 건조한 땅을 지나게 하셨으며 또 너를 위하여 물을 굳은 반석에서 내셨으며 네 열조도 알지 못하던 만나를 광야에서 네게 먹이셨나니 이는 다 너를 낮추시며 너를 시험하사 마침내 네게 복을 주려 하심이었느니라"고 하셨습니다. '마침내 복을 주려하심이었다.' 이것이 하나님의 뜻입니다. 하나님께서 이스라엘 백성을 광야로 인도하셔서 고난을 겪게 하신 것이 마침내 복을 주시려고 하신 것이라는 말입니다. 하나님께서 우리를 택하시고 지금까지 인도하신 이유는 마침내 복을 주시려고 하신 것입니다. 성도 여러분 하나님께서 마침내 복을 주실 것입니다. 하나님을 기대하시고 의뢰하시기 바랍니다.

둘째로, 자기의 이름을 위하여 의의 길로 인도하십니다.

목자가 양을 인도 할 때 양이 원하는 곳으로 인도하는 것이 아닙니다. 목자가 계획한 곳으로 인도하는 것입니다. 양들 중에는 못된 양도있고 성질이 고약한 양도 있습니다. 그러나 목자는 양에 따라 인도하는 것이 아니고 목자의 명예를 걸고 양을 좋은 길로 인도하는 것입니다. 하나님께서 우리를 인도하시는 방법도 그렇습니다. 자기의 이름을 위하여 의의 길로 인도하시는 것입니다. 하나님께서 이스라엘 백성들을 인도하시는 것을 보아도 그렇습니다. 이스라엘 백성들이 하나님을 거역하고 패역하여도 하나님은 이스라엘 백성을 버리지 않으시고 인도하셨습니다.

모세가 시내산에 올라 40일 동안 십계명과 율법을 받을 동안에 이스라엘 백성들은 금송아지를 만들었습니다. 그때 하나님께서는 모세에게 말씀하시기를 "여호와께서 또 모세에게 이르시되 내가 이 백성을 보니 목이 곧은 백성이로다. 그런즉 나대로 하게 하라 내가 그들에게 진노하여 그들을 진멸하고 너로 큰 나라가 되게 하리라"(출 32:9~10)라고 하셨습니다. 그때 모세는 하나님께 간청하기를 만일 하나님께서 이들에게 화를 내리시면 애굽 사람들이 뭐라고 하겠습니까? 하나님의 약속과 하나님의 이름을 위하여 용서해 주십시오라고 하였습니다. 하나님께서는 이들의 죄악을 보면 진멸해야 하겠지만 하나님의 이름 때문에 그들을 용서하시고 그들을 인도하신 것입니다.

성도 여러분 우리도 마찬가지입니다. 우리 자신을 스스로 살펴보십시다. 마땅히 하나님께 벌을 받아야 하고 버림받아야 마땅하지만 하나님께서 자기의 이름을 위하여 우리를 끝까지 버리지 않으시고 우리를 의의 길로 인도하시는 것입니다. 하나님은 절대로 택하신 자기의 양을 버리지 않으십니다. 그리고 우리가 힘이 빠져있을 때 우리에게 힘을 주십니다. 우리를 소생 시키시는 것입니다. '나의 등 뒤에서 나를 도우시는 주 나의 인생 길에서 지치고 곤하여 매일 처럼 주저 앉고 싶을 때 나를 밀어주시네 일어나 걸어라 내가 새힘을 주리니'라는 복음성가의 가사처럼 주님은 우리를 소생시키시는 목자이십니다. "내 영혼을 소생시키시고 자기 이름을 위하여 의의 길로 인도하시는도다."

셋째로, 지팡이와 막대기로 인도하십니다.

목자가 양을 인도하는 도구는 지팡이와 막대기입니다. 지팡이는 끝이 고리 모양으로 되어있는 긴 나무로서 양들이 곁길로 갈 때에 목을 걸어 잡아 당기고 양들이 바위 틈에 빠졌을 때 끌어내는 데 사용하는 도구입니다. 막대기는 목자의 옆에 차고 다니는 나무 막대기입니다. 양들의 매로 사용하는 것입니다. 양들이 배가 고플 때는 말을 잘 듣고 따르다가 배가 부르면 말을 듣지 않고 곁길로 가기도 합니다. 이런 때에 목자는 지팡이로 끌어당깁니다. 그래도 말을 듣지 않으면 막대기로 때리게 됩니다. 그러나 매를 맞으면서도 말을 듣지 않는 고약한 양도 있다고 합니다. 이러한 양은 목자가 양의 버릇을 고치기 위하여 다리를 부러뜨립니다. 양은 아프다고 소리를 지르지만 결국 양은 버릇이 고쳐져서 다시는 곁길로 가지 않게 되는 것입니다.

하나님께서 우리를 인도하시는 방법도 마찬가지입니다. 지팡이와 막대기를 사용하시는 것입니다. 우리가 하나님의 말씀을 따르지 않고 곁길로 갈 때 처음에는 지팡이로 우리를 이끄십니다. 즉 설교 말씀을 통하여, 주의 성도들의 권면을 통하여 하나님은 돌이키도록 인도하시는 것입니다. 이 때 돌이키는 게 가장 큰 복입니다. 성도 여러분 혹시 지금 성령께서 여러분의 마음에 지팡이를 사용하고 계시지 않습니까? 지금이 돌아와야 할 적기입니다. 그래도 돌이키지 않으면 막대기를 사용 하십니다. 즉 징계의 매를 사용하시는 것입니다. 매는 고통스러운 것입니다. 질병이나, 사업의 실패, 자녀문제 등 여러 가지의 방법으로 매를 맞는 것입니다. 매를 맞을 때는 겸손하게 회개하고 빨리 돌이키는 것이 복입니다.

그러나 매를 맞으면서도 돌이키지 않으면 다리가 부러지는 고통을 당하게 됩니다. 육신의 다리가 부러지는 것을 말하는 것이 아니라 결정 적이고 큰 징계를 말하는 것입니다. 하나님은 처음부터 큰 매를 드시지 않으십니다. 그러나 하나님의 부드러운 음성을 거절 할 때 점 점더 무서운 징계의 매로 더하시는 것입니다. 이렇게 해서라도 하나님은 우리를 바로 인도하십니다.

"내가 사망의 음침한 골짜기로 다닐지라도 해를 두려워하지 않을 것은 주께서 나와 함께 하심이라 주의 지팡이와 막대기가 나를 안위하시나이다." 오늘도 하나님의 인도하심을 믿고 안위와 승리를 얻으시기를 주님의 이름으로 축원합니다.

평생보장의 확신

> 나의 평생에 선하심과 인자하심이 정녕 나를 따르리니 내가 여호와
> 의 집에 영원히 거하리로다
>
> (시 23:6)

다윗은 여호와 하나님을 목자로 믿고 따를 때에 평생 보장의 확신
이 있다고 말하였습니다. 다윗과 같이 구원받은 성도는 하나님의
양입니다. 하나님의 양인 성도는 평생 보장의 확신을 가질 수 있습
니다. 우리의 목자이신 하나님께서는 우리의 평생의 삶을 인도하실
것입니다. 왜 평생 보장의 확신을 가질 수 있습니까?

첫째로 하나님은 선하시고 인자하시기 때문입니다.

다윗은 말하기를 '나의 평생에 선하심과 인자하심이 정녕 나를 따
르리니'라고 하였습니다. 하나님의 선하시고 인자하심이 따를 것이
기 때문에 평생 보장의 확신이 된다고 한 것입니다. 하나님의 선하
심이란 '후하다', '복주다'의 뜻입니다. 즉 잘해 주신다는 뜻입니다.
'인자하심'은 하나님의 사랑을 말하는 것입니다. 하나님의 선하심과
인자하심이란 하나님께서 나를 사랑하셔서 후하게 잘해주신다는 뜻
입니다. 하나님의 사랑은 인간의 사랑과 다릅니다. 사람들은 잘해
주다가도 변합니다. 사랑하다가도 배신합니다. 그러나 하나님은 변
함없이 사랑해 주시고 잘해주십니다. 그래서 다윗은 시편 여러 곳

에 "여호와께 감사하라 그는 선하시며 그 인자하심이 영원함이로다."(시107:1)라고 하였습니다. 하나님의 선하심과 인자하심이 영원하시기 때문에 평생 보장의 확신이 있다는 것입니다.

하나님께서는 자기 백성을 끝까지 사랑하십니다. 주님께서 세상에 계실 때 그 제자들을 사랑하셨습니다. 제자들이 어떻게 자기를 부인할 것과 주님을 버리고 다 도망 할 것을 아시고도 사랑하신 것입니다. 그래서 요한복음 13장 1절에 "유월절 전에 예수께서 자기가 세상을 떠나 아버지께로 돌아가실 때가 이른 줄 아시고 세상에 있는 자기 사람들을 사랑하시되 끝까지 사랑하시니라"고 하셨습니다. 하나님의 사랑의 특징은 변함없이 끝까지 사랑하시는 사랑입니다. 그 사랑을 알기에 다윗은 고백하기를 '나의 평생에 선하심과 인자하심이 정녕 나를 따르리니'라고 한 것입니다. 하나님께서 변함없이 사랑해 주시고 후하게 해 주실 것을 확신하는 신앙 고백입니다.

성도 여러분 하나님께서는 우리를 절대로 버리시지 않으실 것입니다. 그래서 성도는 결코 망하는 법이 없습니다. 평생 변함없이 사랑해 주실 하나님을 믿고 의뢰하십시오. 다윗처럼 '그 선하심과 인자하심이 영원함이로다'라고 하나님을 찬양합시다. 평생 후하게 잘해주시고 평생 복을 주시는 하나님을 믿고 평생 보장을 받으시기 바랍니다.

둘째로, 지난 삶을 인도하심이 분명하기 때문입니다.
오늘의 본문인 목자의 시는 다윗이 인생의 중반을 넘어선 후에 기록한 것이라고 추측이 됩니다. 이 시에는 다윗이 자기의 삶을 회상하고있는 부분이 발견되고 있습니다. 사망의 음침한 골짜기라든가,

원수의 목전에서 상을 베푸신 일 등이 그것입니다. 다윗이 자신의 인생을 돌이켜 볼 때 목동시절부터 왕이 되기까지 하나님께서 그 인생을 인도하셨다는 것이 확신되었다는 것입니다. 골리앗을 여호와의 이름으로 무찔렀던 일, 사울에게 쫓겨다닐 때 즉 사망의 음침한 골짜기에서 지켜 주셨던 일 등 하나님께서 자신의 삶을 인도하셨다는 것이 너무 확실했다는 것입니다.

하나님께서 과거의 삶을 이렇게 인도하셨으니 남은 생애도 인도해 주실 것이 분명하다는 확신입니다. 지금까지 인도하셨던 하나님께서 나의 남은 인생을 인도해 주실 것을 믿는 믿음이 평생 보장의 확신입니다. 성도 여러분 여러분들의 삶을 하나님께서 지금까지 인도해 주셨다고 확신하십니까? 하나님께서 지나온 삶을 인도해 주셨다면 앞으로의 남은 삶도 계속 인도해 주실 것입니다. 우리가 주님을 알지 못했을 때에도 아직 믿음이 어리고 미숙할 때에도 주님은 우리를 인도하셨습니다.

성도 여러분 하나님께서 사망의 음침한 골짜기에서 건져 주셨던 일, 원수의 목전에서 상을 베푸셨던 일, 눈물 골짜기에서 위로해주시고 힘을 주셨던 일 등을 돌이켜 보십시오. 하나님께서 과연 지금까지의 나의 삶을 인도하셨다는 확신을 가지게 될 것입니다. 이러한 확신이 있다면 앞으로 남은 삶도 하나님께서 인도해 주실 것이 확신될 것입니다. 하나님께서는 실패가 없으신 분이십니다. 우리를 지금까지 인도하셔서 멸망하게 하시겠습니까? 결코 그럴 수 없습니다. 하나님께서 우리를 지금 까지 인도하셨으니 우리를 천국까지 인도하실 것입니다. 하나님께서 우리를 지금까지 인도하신 것은 우리에게 복 주시려고 인도하신 것입니다. 반드시 복을 주실 것입니다. 이러한 확신이 곧 평생 보장의 확신인 것입니다.

셋째로, 천국에서 영원히 살게 될 사람이기 때문입니다.

천국에서 살게 되는 특권은 아무나 되는 것이 아닙니다. 하나님께서 천국백성으로 택하신 사람이 있습니다. 하나님의 택하심을 받은 백성이 곧 천국에 가서 살게 될 것입니다. 다윗은 자신이 바로 천국에서 영원히 살게 될 사람이라고 확신하였습니다. 즉 하나님의 택하심을 받은 사람이라는 것입니다. 하나님께서 택하셔서 천국에 가서 살게 될 사람이라면 하나님께서 이 땅에서의 그의 삶을 인도하시지 않겠습니까? 그래서 다윗은 자신이 천국에서 영원히 살게 될 사람이기 때문에 이 땅에서의 삶은 보장되었다는 것입니다. 이것이 바로 다윗의 평생 보장의 확신이었던 것입니다.

성도는 어떤 사람입니까? 만세 전에 구원받을 백성으로 하나님의 택함 받은 백성입니다. 천국의 백성으로 택함을 받았기에 우리가 예수를 믿고 구원받게 된 것입니다. 하나님의 택함 받지 못한 사람은 구원받을 수 없습니다. 하나님의 택함 받은 사람이 구원받게 되고 천국에 가서 영원히 살게 되는 것입니다. 성도에게는 이러한 확신이 있어야 합니다. 베드로후서 1장 10절 말씀에 "그러므로 형제들아 더욱 힘써 너희 부르심과 택하심을 굳게 하라 너희가 이것을 행한즉 언제든지 실족지 아니하리라"고 하였습니다.

하나님의 택하심 받은 사람은 이 땅의 삶은 하나님께서 인도하십니다. 하나님께서 보장하신 것입니다. 하나님의 택하심을 받고 천국에서 살게 될 사람이 분명하다면 그 사람은 평생을 보장받은 사람입니다. 하나님께서 결코 버리지 않으시고 인도하실 것입니다. 요한복음 10장 27~29절의 말씀입니다. "내 양은 내 음성을 들으며 나는 저희를 알며 저희는 나를 따르느니라. 내가 저희에게 영생을 주노니 영원히 멸망치 아니할 터이요 또 저희를 내 손에서 빼앗을 자가 없느니라. 저희를 주신 내 아버지는 만유 보다 크시매 아무도 아버지 손에서 빼앗을 수 없느니라." 하나님께서 택하시고 영생을 얻은 하나님의 손에 있는 성도를 누가 빼앗을 수 있겠습니까? 영원히 멸망할 수 없는 하나님의 평생보장입니다. "내가 여호와의 집에 영원히 거하리로다"라고 한 다윗의 고백보다 더 확실한 성도의 확신입니다.

"내가 확신하노니 사망이나 생명이나 천사들이나 권세자들이나 현재 일이나 장래 일이나 능력이나 높음이나 깊음이나 다른 아무 피조물이라도 우리를 우리 주 그리스도 예수 안에 있는 하나님의 사랑에서 끊을 수 없으리라." 로마서 8장 38~39절의 말씀입니다.

이러한 확신이 있는 성도는 평생보장의 확신이 있는 성도입니다. 성도 여러분 그리스도안에 있는 이러한 확신을 누리시며 평생 보장의 확신과 감격 속에서 승리하시는 성도가 되시기를 주님의 이름으로 축원합니다.

III. 하나님이 함께하는 사람

하나님이 함께하는 사람

〰〰〰〰〰〰〰〰〰〰〰〰〰〰〰〰〰〰〰〰

> 하나님이 큰 구원으로 당신들의 생명을 보존하고 당신들의 후손을
> 세상에 두시려고 나를 당신들 앞서 보내셨나니 그런즉 나를 이리로
> 보낸 자는 당신들이 아니요 하나님이시라 하나님이 나로 바로의 아
> 비를 삼으시며 그 온 집의 주를 삼으시며 애굽 온 땅의 치리자를 삼
> 으셨나이다
> (창 45:7~8)

　우리가 잘 부르는 찬송가에 '나의 갈길 다가도록 예수 인도하시니…
무슨 일을 만나든지 만사형통하리라'라는 가사가 있습니다. 이 가사
처럼 무슨 일을 만나든지 만사형통하는 사람이 있을 수 있을까요?
정말 이 험난한 세상에서 있을 수 없는 일 같습니다. 그러나 오늘 본
문에 나오는 주인공 요셉은 바로 그러한 사람이었습니다. 요셉이 형
제들에게 미움을 받아 노예로 팔려가도 감옥에 갇혀도 언제나 좋은
일이 있었고 형통하였습니다. 어떻게 그런 일이 있을 수 있었습니
까? 하나님께서 요셉과 함께 하셨기 때문이었습니다.

　창세기 39장 2~3절에 "여호와께서 요셉과 함께 하시므로 그가 형
통한 자가 되어 그 주인 애굽 사람의 집에 있으니 그 주인이 여호와
께서 그와 함께 하심을 보며 또 여호와께서 그의 범사에 형통케 하
심을 보았더라"고 기록되어 있습니다. 하나님께서 함께하시니 비록

노예로 팔려갔을지라도 형통한 삶을 살게 되었던 것입니다. 심지어 요셉이 억울한 일을 당하여 옥에 갇히게 되었는데 20~21절에 보면 "요셉이 옥에 갇혔으나 여호와께서 요셉과 함께하시고"라고 기록하고 있습니다. 만사 형통은 환경에 있는 것이 아니라 하나님께서 함께하심에 있는 것입니다. 왜 하나님께서 요셉과 함께하셨을까요. 요셉이 어떤 믿음을 가졌기에 하나님께서 함께 하셨을까요. 우리가 어떤 믿음을 가져야 하나님께서 함께 하실까요?

첫째로 하나님은 꿈이 있는 사람과 함께 하십니다.

요셉은 꿈이 있는 사람이었습니다. 요셉은 12형제 중에 11번째의 아들로 태어나 형제들을 다스리는 꿈을 꾸었습니다. 그 꿈은 하나님께서 요셉에게 두 번이나 반복해서 주신 꿈이었습니다. 요셉이 형제들에게 꿈 이야기를 했을 때 형제들은 미워했지만 그 아버지 야곱은 마음에 두었다고 했습니다. 형제들은 요셉을 꿈꾸는 자라는 별명을 붙여서 따돌리고 미워했습니다. 꿈 때문에 미움받은 사람입니다.

요셉은 꿈을 가진 사람이었습니다. 그는 어떠한 어려운 환경에 처하더라도 하나님께서 주신 그 꿈을 잃지 않았습니다. 하나님은 꿈을 가진 사람에게 함께하십니다. 하나님의 말씀을 통하여 하나님을 향한 꿈을 가진 사람에게 하나님은 함께 하십니다. 하나님께서 요셉과 함께 하실 수밖에 없었던 이유는 하나님을 향한 불타는 비전이 있었기 때문이었습니다. 어떠한 환경이나 시련 중에라도 하나님께서 주신 꿈을 그는 잃지 않았습니다. 하나님은 요셉과 함께 하셔서 그 꿈을 이루어 주신 것입니다. 하나님을 향한 꿈을 가진 사람은 하나님께서 함께 하실 수밖에 없습니다. 하나님께서 함께 하시는 사람이 되려면 하나님께서 주신 위대한 꿈을 마음에 품으십시오. 하나님을 향한 기대와 비전을 가지십시오. 꿈을 가진 사람은 환경을 초월합니다. 환경을 이기는 것입니다.

디트로이트 시의 포드 기념관에 가면 기념으로 써 놓은 글이 있습니다.

"포드는 꿈꾸는 자였으며 그의 아내는 그 꿈을 돕는 자였다."

포드 부인은 남편이 회사에서 옆에 일하는 사람이 주급 20달러를 받으면서 일하는데 자기 남편은 주급 5달러로 일하는 것에도 불평하지 않고 또 말이 끄는 마차가 아닌 기계로 다니는 차를 만든다는 허황된(?) 꿈을 믿고 말없이 돕고 내조한 아내였습니다. 하나님은 꿈이 있는 자에게 함께 하시고 꿈이 있는 자를 쓰십니다.

둘째로 하나님은 원한이 없는 사람과 함께 하십니다.

요셉은 원한을 가질 줄 모르는 사람이었습니다. 요셉처럼 억울한 일을 많이 당한 사람도 없습니다. 친형제들에 의하여 애굽의 노예로 팔려갔습니다. 보디발의 집에서 아무 죄도 없이 감옥에 갇혀서 옥살이를 했습니다. 그러나 요셉은 원한을 가질 줄 모르고 원수를 갚을 줄 모르는 사람이었습니다. 그가 총리대신이 된 후에도 자기를 감옥에 넣었던 보디발에게 보복하지 않았습니다. 그리고 애굽에서 형제들을 만났을 때 두려워하는 형제들에게 말하기를 "하나님이 큰 구원으로 당신들의 생명을 보존하고 당신들의 후손을 세상에 두시려고 나를 당신들 앞서 보내셨나니 그런즉 나를 이리로 보낸 자는 당신들이 아니요 하나님이시라"고 하였습니다. 요셉은 형들에게 원한을 가지지 않고 '나를 이리로 보낸 자는 당신들이 아니요 하나님이시라' 고 하였습니다. 즉 모든 일이 하나님의 섭리와 인도하심에 따라서 이루어진 일이라고 믿었던 것입니다.

이러한 사람에게 하나님께서는 함께 하실 수밖에 없는 것입니다. 하나님은 원한 감정이 없는 사람과 함께 하십니다. 주위 사람들에게 원한과 보복심을 가지고 있는 사람과는 함께 하실 수가 없는 것입니다. 주님께서도 말씀하시기를 "너희가 각각 중심으로 형제를 용서하지 아니하면 내 천부께서도 너희에게 이와 같이 하시리라"(마 18:35)고 하셨습니다. 내가 이런 일을 당하는 것은 누구 때문이라는 원망을 하지 말고 하나님의 섭리를 믿어야 합니다. 요셉처럼 '나를 이리로 보낸 자는 당신들이 아니요 하나님이시라'는 요셉의 믿음을 가질 때 하나님께서 함께 하실 수밖에 없는 것입니다.

셋째로 해를 선으로 바꾸시는 하나님을 믿는 사람과 함께 하십니다.
요셉은 해를 선으로 바꾸시는 하나님을 믿었습니다. 야곱이 죽은 후 요셉의 보복을 두려워하는 형들에게 요셉은 말하기를 "요셉이 그들에게 이르되 두려워 마소서 내가 하나님을 대신하리이까 당신들은 나를 해하려 하였으나 하나님은 그것을 선으로 바꾸사 오늘과 같이 만민의 생명을 구원하게 하시려 하셨나니 당신들은 두려워 마소서 내가 당신들과 당신들의 자녀를 기르리이다"라고 하였습니다. 하나님은 해를 선으로, 화를 복으로 바꾸시는 하나님이십니다. 노예로 팔려간 요셉을, 죄인이 되어 감옥에 들어갔던 요셉을 하나님은 그것을 선으로 바꾸셨습니다. 화를 복으로 바꾸셨습니다. 하나님은 이러한 하나님이십니다. 때때로 어려운 환경에 처했을 때, 시련 가운데 있을 때 해를 선으로 바꾸시는 하나님 화를 복으로 바꾸시는 하나님을 믿고 의뢰하십시오. 해를 선으로 바꾸시는 것은 요셉에게만이 아니라 우리에게도 약속하셨습니다.

로마서 8장 28절에 "우리가 알거니와 하나님을 사랑하는 자 곧 그 뜻대로 부르심을 입은 자들에게는 모든 것이 합력하여 선을 이루느니라"고 하였습니다. 어려운 환경을 당 할 때마다 이 일을 통하여 더 좋은 복을 주시려고 주신 일이라고 생각하고 해를 선으로 화를 복으로 바꾸시는 하나님을 바라보고 믿음을 가지십시오. 하나님은 이러한 사람에게 함께 하십니다. 하나님은 죄인을 의인으로 바꾸시고 노예도 총리로 바꾸시는 하나님이십니다. 광야에 만나를 내리시고 물이 흐르게 하셔서 낙원으로 바꾸시는 하나님이십니다. 이러한 하나님, 좋으신 하나님을 믿을 때 하나님께서 함께 하시고 믿음대로 이루어 주십니다.

하나님은 어떤 사람과 함께 하십니까? 꿈이 있는 사람입니다. 그리고 사람들에게 원한을 품지 않고 하나님의 섭리를 보는 사람입니다. 해를 선으로 바꾸시는 하나님을 믿는 사람입니다. 이러한 사람을 하나님께서 함께 하시고 인도하시는 것입니다.

오늘도 요셉의 믿음을 가지시고 하나님이 함께 하시므로 만사형통의 복을 누리시는 성도들이 되시기를 주님의 이름으로 축원합니다.

복 있는 사람

"""""""""""""""""""

> 복 있는 사람은 악인의 꾀를 좇지 아니하며 죄인의 길에 서지 아니
> 하며 오만한 자의 자리에 앉지 아니하고 오직 여호와의 율법을 즐
> 거워하여 그 율법을 주야로 묵상하는 자로다 저는 시냇가에 심은
> 나무가 시절을 좇아 과실을 맺으며 그 잎사귀가 마르지 아니함 같
> 으니 그 행사가 다 형통하리로다
>
> (시편 1:1~3)

복이란 환경에 있는 것이 아니고 사람에게 있습니다. 복 있는 사람
은 가는 곳마다 복이 따릅니다. 요셉이 보디발의 집에 가니 그 집이
복을 받았고 요셉이 감옥에 가니 그 곳이 복을 받았으며 요셉이 애
급에 가니 애급이 복을 받았던 것입니다. 그래서 성경은 복 있는 사
람이 있다고 하는 것입니다. 복 있는 사람은 복 받을 일을 하고 복
없는 사람은 복 못 받을 일을 합니다. 오늘의 본문은 복 있는 사람은
어떤 사람인가를 소개하고 있습니다. 복 있는 사람은 어떤 사람입니
까?

첫째로 자기의 지혜를 의지하지 않는 사람입니다.

복 있는 사람은 악인의 꾀를 좇지 아니한다고 하였습니다. 악인의
꾀란 무엇입니까? 인간의 지혜를 말하는 것입니다. 복 없는 사람은
자기의 꾀를 따라 살고 복 있는 사람은 말씀의 인도를 받아 삽니다.

잠언 3장 5~8절에 보면 "너는 마음을 다하여 여호와를 의뢰하고 네 명철을 의지하지 말라 너는 범사에 그를 인정하라 그리하면 네 길을 지도하시리라 스스로 지혜롭게 여기지 말지어다 여호와를 경외하며 악을 떠날지어다. 이것이 네 몸에 양약이 되어 네 골수로 윤택하게 하리라"고 하였습니다. 자기의 지혜! 이것이 악인의 꾀인 것입니다.

복 없는 사람은 자기를 의지하며 사는 것입니다. 머리가 좋고 꾀가 많은 사람이 잘되는 것이 아닙니다. 오히려 자기의 꾀를 버리고 하나님을 의뢰하는 사람에게 형통함이 있는 것입니다. 자기의 명철을 의지하는 사람은 하나님을 신뢰하지 않습니다. 이러한 사람은 죄인의 길에 서고 오만한 자의 자리에 앉게 됩니다. 죄인의 길이란 무엇입니까? 바르지 못한 길입니다. 때때로 잘못된 길인 줄 알면서도 그 길로 향하여 가는 어리석은 사람들이 얼마나 많습니까?

복 있는 사람은 이러한 길로 가지 않는 것입니다. 복 있는 사람은 가는 길이 다르고 앉는 자리가 다릅니다. 복 있는 사람은 아무 데나 앉지 않습니다. 복 있는 자리에 앉는 것입니다. 복 있는 사람은 인간의 꾀를 의지하지 않고 하나님의 말씀을 따라서 인도를 받아 사는 것입니다. 성도 여러분 여러분들이 복 있는 사람이라면 하나님의 말씀을 묵상하십시오. 말씀을 통하여 삶을 인도 받는 것입니다. 말씀에 따라서 사는 사람이 복 있는 사람입니다. 말씀을 따라 사는 사람이 때때로 미련하게 보일 수도 있습니다. 그러나 결과는 평강이며 형통입니다. 자기의 꾀를 따라 사는 것이 지혜롭게 보일 수도 있습니다. 그러나 그 길은 불안만이 있을 뿐이며 패망이 따르게 됩니다. 성도 여러분 복 있는 사람이 되십시오. 하나님의 말씀에 따라 살면서 평강을 누리시기 바랍니다.

둘째로, 말씀을 즐거워하는 사람입니다.

　복 있는 사람은 말씀을 즐거워하는 것이 그 특징입니다. 그래서 본문에도 "오직 여호와의 율법을 즐거워하여 그 율법을 주야로 묵상하는 자로다."라고 하였습니다. 성경의 인물들 중 말씀을 즐거워하는 사람의 본이 되는 사람은 다윗입니다. 다윗은 말하기를 "내가 모든 재물을 즐거워함같이 주의 증거의 도를 즐거워 하였나이다"(시 119:14)라고 하였습니다. 재물보다 말씀을 더 즐거워했던 것입니다. 돈보다 말씀을 더 좋아하고 기뻐하는 사람이 있습니까? 그 사람은 복 있는 사람입니다. 말씀 듣는 일을 기뻐하는 사람, 말씀 받기를 사모하는 사람, 하나님은 그런 사람을 사랑하십니다. 때때로 환난과 역경 중에라도 말씀이 힘이 되고 능력이 됩니다.

　다윗은 말하기를 "환난과 우환이 내게 미쳤으나 주의 계명은 나의 즐거움이니이다. 주의 증거는 영원히 의로우시니 나로 깨닫게 하사 살게 하소서"(시 143~144)라고 하였습니다. 다윗은 많은 환난과 우환이 있었으나 말씀을 통하여 기쁨을 얻을 수가 있었다고 고백한 것입니다. 하나님께서는 말씀을 즐거워하는 사람에게 복을 주십니다. 시편 112:1~3절에 보면 "할렐루야, 여호와를 경외하며 그 계명을 크게 즐거워하는 자는 복이 있도다. 그 후손이 땅에서 강성함이여 정직자의 후대가 복이 있으리로다. 부요와 재물이 그 집에 있음이여 그 의가 영원히 있으리로다."라고 하였습니다. 말씀을 즐거워하는 사람에게 복을 주십니다. 자손의 복을 주시고 부요와 재물의 복을 주시는 것입니다.

말씀을 즐거워하는 사람이 되십시오. 말씀 받기를 기뻐하고 말씀 듣기를 사모하는 사람이 되시기 바랍니다. 말씀을 즐거워하고 말씀 받기 사모하는 사람은 예배 시간에 빠지지 않습니다. 말씀 받는 것이 복된 일인 줄을 아는 성도가 어찌 말씀 시간에 빠질 수가 있겠습니까? 누구나 자신이 즐기는 일에는 시간과 돈을 아끼지 않는 것입니다. 말씀을 즐거워하는 사람도 말씀 받는 일에 시간과 돈을 아끼지 않는 것입니다. 이러한 사람이 복 있는 삶인 것입니다. 말씀을 즐기는 복된 성도가 되시기를 바랍니다.

셋째, 말씀을 묵상하는 사람입니다.

복 있는 사람은 말씀을 묵상합니다. 말씀을 묵상한다는 것은 말씀을 자신의 삶에 적용시키는 것을 말합니다. 시편 119:15~16절에 보면 "내가 주의 법도를 묵상하며 주의 도에 주의하며 주의 율례를 즐거워하며 주의 말씀을 잊지 아니하리이다."라고 하였습니다. 주의 도에 주의한다는 말은 말씀을 삶에 적용시킨다는 말입니다. 복 있는 사람은 말씀을 묵상하나 복 없는 사람은 말씀을 감상합니다. 말씀은 깨닫는 것이 목적이 아니라 실행하는 것이 그 목적입니다. 말씀은 삶에 적용되어 질 때 능력이 나타나는 것입니다. 말씀은 음악을 감상하듯이 감상하는 것이 아닙니다. 말씀을 가슴으로 받아 적용해야 하는 것입니다. 그래서 '복 없는 사람은 말씀을 귀로 들으나 복 있는 사람은 말씀을 가슴으로 받는다' 라는 말이 있습니다.

데살로니가전서 2장 13절에 "이러므로 우리가 하나님께 쉬지 않고 감사함은 너희가 우리에게 들은 바 하나님의 말씀을 받을 때에 사람의 말로 아니하고 하나님의 말씀으로 받음이니 진실로 그러하다 이 말씀이 또한 너희 믿는 자 속에서 역사 하느니라"고 하였습니다. 말씀을 들을 때 나에게 주시는 말씀이 무엇인가를 찾으십시오. 내가 순종해야 할 명령이 무엇인지 회개하고 고쳐야 할 점은 무엇인지를 말씀을 통하여 발견하십시오. 그리고 본받아야 할 것은 무엇인지 받으십시오. 이것이 말씀을 묵상하는 일입니다. 말씀을 묵상하십시오. 말씀을 삶에 적용시키십시오. 이것이 복 있는 사람의 특징입니다.

주님께서도 마태복음 7장 24~27절에 말씀하시기를 "그러므로 누구든지 나의 이 말을 듣고 행하는 자는 그 집을 반석 위에 지은 지혜로운 사람 같으리니 비가 내리고 창수가 나고 바람이 불어 그 집에 부딪히되 무너지지 아니하나니 이는 주초를 반석 위에 놓은 연고요 나의 이 말을 듣고 행치 아니하는 자는 그 집을 모래 위에 지은 어리석은 사람 같으리니 비가 내리고 창수가 나고 바람이 불어 그 집에 부딪히매 무너져 그 무너짐이 심하니라"고 하셨습니다. 말씀을 듣고 묵상하여 실행될 때 반석 위에 세운 집같이 복된 삶이 될 것이요 복 있는 사람이 되는 것입니다.

성도의 복 있는 삶

주안에서 항상 기뻐하라 내가 다시 말하노니 기뻐하라 너희 관용을 모든 사람에게 알게 하라 주께서 가까우시니라 아무 것도 염려하지 말고 오직 모든 일에 기도와 간구로 너희 구할 것을 감사함으로 하나님께 아뢰라 그리하면 모든 지각에 뛰어난 하나님의 평강이 그리스도 예수 안에서 너희 마음과 생각을 지키시리라

(빌립보서 4:4~7)

구원받은 성도는 복 받은 사람입니다. 바울은 빌립보 성도들에게 구원받은 성도의 복된 삶이 어떠해야 하는지 권면하고 있습니다. 성도의 복된 삶은 어떠해야 합니까?

첫째로 성도의 복된 삶은 항상 기뻐하는 삶입니다.

바울은 성도의 삶이 기뻐하는 삶이 되어야 한다고 강조하였습니다. "주안에서 항상 기뻐하라 내가 다시 말하노니 기뻐하라" 복 있는 삶이 기쁨의 삶이라면, 고민과 염려의 삶은 복 없는 사람은 자기의 꾀를 따라 살고 복 있는 사람은 말씀의 인도를 받아 삽니다. 하나님은 기뻐하는 자에게 복을 주십니다. 시편 37편 4절에 "또 여호와를 기뻐하라 저가 네 마음의 소원을 이루어 주시리로다"라고 하였습니다. 하나님은 기뻐하는 자의 소원을 들어주십니다. 고민과 짜증의 삶을 사는 사람의 소원은 들어주시지 않습니다.

기쁨의 삶에는 건강의 복도 있습니다. 잠언 17장 22절에 보면 "마음의 즐거움은 양 약이라도 심령의 근심은 뼈로 마르게 하느니라"고 하였습니다. 성도의 삶은 항상 기뻐하는 삶이어야 합니다. 성도의 삶에도 역경과 시련이 있게 마련입니다. 어떻게 항상 기뻐할 수 있습니까? 주안에서만이 가능 할 수 있습니다. 그래서 본문에서도 '주안에서 기뻐하라'고 한 것입니다. 시편 4장 7절에는 "주께서 내 마음에 두신 기쁨은 저희의 곡식과 새 포도주의 풍성할 때보다 더 하니이다."고 하였습니다. 구원받은 성도는 마음에 기쁨이 있습니다. 주님께서 주신 기쁨입니다. 그리고 주님 안에 거할 때 항상 기뻐할 수 있습니다. 시편 16편 8~11절에는 "내가 여호와를 항상 내 앞에 모심이여 그가 내 우편에 계시므로 내가 요동치 아니하리로다. 이러므로 내 마음이 기쁘고 내 영광도 즐거워하며 내 육체도 안전히 거하리니"라고 하였습니다.

하박국 선지자는 역경과 시련 중에도 하나님의 구원을 기뻐하였습니다. 하박국 3장17~18절에 "비록 무화과나무가 무성치 못하며 포도나무에 열매가 없으며 감람나무에 소출이 없으며 밭에 식물이 없으며 우리에 양이 없으며 외양간에 소가 없을지라도 나는 여호와를 인하여 즐거워하며 나의 구원의 하나님을 인하여 기뻐하리로다."라고 하였습니다. 바울은 옥중에서 빌립보서를 기록하였습니다. 옥고를 치르면서도 기뻐하는 삶을 살아야 한다고 권면한 것입니다. 비록 역경과 시련들이 있을 지라도 성도는 항상 기뻐하는 삶을 삽니다. 그 안에 주님께서 계시고 주님과 동행하는 삶이 있기 때문입니다. 이러한 삶이 성도의 삶이요 복 있는 삶인 것입니다.

둘째로, 성도의 삶은 관용의 삶입니다.

복 있는 성도의 삶은 관용의 삶입니다. 에베소서 4장 32절에 "서로 인자하게 하며 불쌍히 여기며 서로 용서하기를 하나님이 그리스도 안에서 너희를 용서하심과 같이 하라"고 하였습니다. 성도는 용서받은 사람이기 때문에 용서해야 합니다. 우리가 형제를 용서하면 하나님께서도 우리를 용서하십니다. 주님께서도 말씀하시기를 "너희가 사람의 과실을 용서하면 너희 천부께서도 너희 과실을 용서하시려니와 너희가 사람의 과실을 용서하지 아니하면 너희 아버지께서도 너희 과실을 용서하지 아니하시리라"(마6:14~15)고 하셨습니다.

그리고 형제를 용서할 때 중심으로 용서해야 합니다. 주님께서 말씀하시기를 "너희가 각각 중심으로 형제를 용서하지 아니하면 내 천부께서도 너희에게 이와 같이 하시리라"(마 18:35)고 하셨습니다. 하나님께 크게 쓰임 받은 사람들의 특징 중 하나는 관용의 삶이 있었다는 것입니다. 요셉은 자기를 노예로 팔아버린 형들을 관용하였고 무고히 옥살이를 시켰던 보디발에게 원한을 가지지 아니하였습니다. 다윗의 위대성도 관용이었습니다. 자기를 죽이려고 찾아다닌 사울에게 원한을 가지지 아니하였고 오히려 사울이 죽었을 때 눈물을 흘렸고 그의 손자 므비보셋을 왕자처럼 대접하였습니다. 그러한 다윗을 하나님께서는 사랑하셨고 그의 평생을 하나님께서 귀하게 사용하셨던 것입니다.

욥은 어떠했습니까? 욥의 고난 중에 위로는커녕 비판하던 친구들을 위하여 기도하였습니다. 언제 욥의 고난이 언제 끝났습니까? 진정으로 용서 할 때입니다. 욥기 42장 10절에 "욥이 그 벗들을 위하여 빌매 여호와께서 욥의 곤경을 돌이키시고 욥에게 그 전 소유보다 갑절이나 주신지라"고 되어있습니다. 넓은 마음으로 서로 관용하는 삶이 성도의 복 있는 삶입니다.

로마서 15:7에 "이러므로 그리스도께서 우리를 받아 하나님께 영광을 돌리심과 같이 너희도 서로 받으라"고 하였습니다. 우리가 형제를 용서하면 하나님께서도 우리를 용서하시고 우리가 비판하고 정죄 하는 자세를 가지면 하나님께서도 우리를 정죄 하시는 것입니다. 성도 여러분 서로 사랑하고 관용하는 성도의 복 있는 삶이 있으시기를 주님의 이름으로 축원합니다.

셋째로, 성도의 삶은 염려하지 않고 기도하는 삶입니다.

성도의 삶은 염려하지 않는 삶입니다. 어떻게 염려하지 않는 삶을 살 수 있을까요? 기도의 삶을 살기 때문입니다. "아무것도 염려하지 말고 오직 모든 일에 기도와 간구로 너희 구할 것을 감사함으로 하나님께 아뢰라 그리하면 모든 지각에 뛰어난 하나님의 평강이 그리스도 예수 안에서 너희 마음과 생각을 지키시리라"고 했습니다. 아무 것도 염려하지 말라고 하였습니다. 염려할 일이 있다면 기도하십시오. 기도하는 사람은 염려하지 않습니다. '기도 할 수 있는데 왜 걱정하십니까?'라는 복음성가의 가사처럼 염려하지 말고 기도하십시오. 기도의 반대말은 염려입니다. 염려는 아무 유익이 없다고 주님은 말씀하십니다.

누가복음 12장 22절에 "또 제자들에게 이르시되 그러므로 내가 너희에게 이르노니 너희 목숨을 위하여 무엇을 먹을까 몸을 위하여 무엇을 입을까 염려하지 말라"고 하셨습니다. 25절에 이어서 또 말씀하시기를 "또 너희 중에 누가 염려함으로 그 키를 한 자나 더할 수 있느냐"고 하셨습니다. 염려는 아무 유익이 없다는 말씀입니다. 염려하지 않고 기도하는 사람은 평강의 복을 받습니다. "그리하면 모든 지각에 뛰어난 하나님의 평강이 그리스도 예수 안에서 너희 마음과 생각을 지키시리라" 염려하는 사람은 불안과 공포가 있으나 기도하는 사람에게는 평강이 있습니다. 아무리 어려운 일이 있어도 기도하는 사람은 평안합니다. 염려하지 마십시오. 하나님을 믿고 의뢰하는 삶을 사십시오. 염려하는 것은 믿음이 없다는 증거인 것입니다.

영국의 위대한 성자, 기도의 성자인 죠지 뮬러는 이렇게 말했습니다. "염려의 시작은 신앙의 끝이다. 그러나 신앙의 시작은 염려의 끝이다." 염려를 그치고 하나님을 믿으십시오. 기도의 삶을 사십시오. 주님의 평안과 기쁨을 누리실 것입니다.

복 있는 성도의 삶에 대하여 말씀드렸습니다. 복 있는 성도의 삶은 항상 기뻐하는 삶이며 모든 사람에게 관용을 나타내는 삶입니다. 그리고 아무 것도 염려하지 않고 모든 일에 기도하는 삶입니다. 이러한 삶이 성도의 삶이며 복 있는 삶입니다. 성도 여러분 복 있는 삶으로 항상 승리하시기를 주님의 이름으로 축원합니다.

말씀 받는 자의 복

이러므로 우리가 하나님께 쉬지 않고 감사함은 너희가 우리에게 들
은 바 하나님의 말씀을 받을 때에 사람의 말로 아니하고 하나님의
말씀으로 받음이니 진실로 그러하다 이 말씀이 또한 너희 믿는 자
속에서 역사하느니라

(데살로니가전서 2:13)

좋은 교회, 좋은 성도의 특징 중 하나는 말씀을 받는 태도와 자세
입니다. 바울사도는 데살로니가 교회 성도들의 말씀 받는 좋은 자세
를 칭찬하였습니다. 하나님께서는 말씀을 잘 받는 성도들을 기뻐 하
시며 복을 주십니다. 데살로니가 성도들은 말씀을 듣기만 하는 것이
아니라 말씀을 받았다고 하였습니다. 하나님의 말씀은 귀로 듣기만
해서는 안됩니다. 말씀을 가슴으로 받아야 합니다. 말씀을 받을 때
복이 있고 하나님의 역사가 나타나는 것입니다. 그래서 저는 오늘
'말씀 받는 자의 복'에 대하여 묵상하고 은혜를 나누고자 합니다. 말
씀을 어떻게 받아야 하고 어떤 복을 받는 것입니까?

첫째로 말씀을 어떻게 받는 것입니까?

본문에 말씀을 받는다는 뜻은 계시를 받는다는 의미입니다. 말씀
을 듣는 것 이상의 의미입니다. 그러면 어떻게 말씀을 받는 것입니
까? 말씀은 설교자를 통하여 말씀을 들을 때 받게 됩니다. 본문에도

말씀을 들을 때 말씀을 받았다고 하였습니다. 기록된 하나님의 말씀을 목사님을 통하여 오늘 나에게 적용시켜 주시는 것이 설교 말씀입니다.

누가복음 4장 21절에 보면 예수께서 그 자라나신 곳 나사렛에서 회당에 들어가셔서 예수님에 대하여 예언된 이사야서를 봉독 하신 후 "이에 예수께서 저희에게 말씀하시되 이 글이 오늘날 너희 귀에 응하였느니라 하시니"라고 하셨습니다. 주님께서는 기록된 말씀이 오늘 이 자리에 이루어 졌다는 것을 풀어 주신 것입니다. 말씀을 듣는 모든 사람들은 그 예언의 말씀의 성취를 현장에서 눈으로 보게 된 것입니다. 그러나 그들은 그 말씀을 받지 않았던 것입니다. 설교 말씀을 통하여 하나님의 말씀이 오늘 나에게 나의 것으로 받아들여질 때 말씀을 받는 것입니다.

하나님께서는 성도들에게 설교 말씀을 통하여 그의 뜻을 전달 하시고 그의 음성을 주시는 것입니다. 말씀을 받는다는 것은 목사님을 통하여 주시는 말씀을 통하여 하나님의 음성을 받고 그 말씀을 하나님의 말씀으로 받는 것입니다. "너희가 우리에게 들은 바 하나님의 말씀을 받을 때에 사람의 말로 아니하고 하나님의 말씀으로 받음이니" 설교를 통하여 주시는 말씀을 오늘 하나님께서 나에게 주시는 말씀으로 받으십시오. 예배는 의식을 행하는 것이 아닙니다.

말씀을 받는 것입니다. 말씀을 받는다는 것은 '먹는다'라는 의미가 있습니다. 음식을 먹듯이 말씀을 받아 먹는 것입니다. 그래서 계시록 10장 9~10절에 보면 "내가 천사에게 나아가 작은 책을 달라 한

즉 천사가 가로되 갖다 먹어 버리라 네 배에는 쓰나 네 입에는 꿀같이 달리라 하거늘 내가 천사의 손에서 작은 책을 갖다 먹어 버리니 내 입에는 꿀같이 다나 먹은 후에 내 배에서는 쓰게 되더라"고 되어 있습니다. 말씀을 받을 때는 달지만 그 말씀을 실천하고 실행할 때는 쉬운 일이 아니라는 것을 말씀하는 것입니다. 성도 여러분 말씀을 받으십시오. 말씀을 잘 받아 하나님의 은총과 큰 복을 누리시는 복된 성도가 되시기를 주님의 이름으로 축원합니다.

둘째로, 말씀 받는 자에게 어떤 복을 주십니까?

말씀을 받는 자에게는 말씀의 역사가 나타납니다. "너희가 우리에게 들은 바 하나님의 말씀을 받을 때에 하나님의 말씀으로 받음이니 진실로 그러하다 이 말씀이 또한 너희 믿는 자 속에서 역사하느니라." 말씀의 능력은 말씀을 받는 자에게 나타납니다. 받은 말씀이 삶을 변화 시키고 가정과 산업에 역사하게 됩니다. 말씀의 역사를 체험하시기 원하십니까? 말씀을 받으십시오. 말씀을 가슴으로 받을 때 말씀의 능력과 역사가 나타나는 것입니다. 말씀을 받는 자에게는 평안을 주십니다.

시편119편 165절에 "주의 법을 사랑하는 자에게는 큰 평안이 있으니 저희에게 장애물이 없으리이다"고 하였습니다. 말씀을 받는 사람에게 평안을 주시고 장애를 치워주십니다. 말씀을 사랑하고 말씀을 받는 것이 형통의 비결입니다. 그래서 시편 제1편 1~3절에 "복 있는 사람은 악인의 꾀를 좇지 아니하며 죄인의 길에 서지 아니하며 오만한 자의 자리에 앉지 아니하고 오직 여호와의 율법을 즐거워하여 그 율법을 주야로 묵상하는 자로다 저는 시냇가에 심은 나무가 시절을

좇아 과실을 맺으며 그 잎사귀가 마르지 아니함 같으니 그 행사가
다 형통하리로다"라고 하였습니다. 하나님의 말씀을 즐거워 하여 주
야로 묵상하는 사람은 행사가 다 형통하겠다는 말씀입니다. 말씀 받
는 것이 형통의 비결입니다.

  성도가 어려움을 당하는 것은 말씀을 받지 않았기 때문입니다. 말
씀을 받지 않았기 때문에 어려움이 오고 재앙이 오는 것입니다. 말
씀을 충만히 받을 때 형통의 복을 받게 됩니다. 또 말씀을 받는 사
람은 하나님의 인도를 받게 됩니다. 말씀을 받는 사람들을 하나님은
말씀을 통하여 인도하십니다. 시편 119편 105절에 "주의 말씀은 내
발에 등이요 내 길에 빛이니이다"라고 하였습니다. 하나님의 인도하
심을 받기 원하면 말씀을 받으십시오. 하나님께서는 말씀을 통하여
우리에게 말씀하시고 인도 하십니다. 말씀을 받는 사람에게 주시는
복이 하나님의 인도하심인 것입니다.

셋째로, 말씀을 잘 받으려면 어떻게 해야 합니까?
  먼저 말씀 받는 것이 큰 복인 줄 알아야 합니다. 복을 복인 줄 알
지 못하면 받을 수가 없습니다. 돼지에게는 진주가 복이 아닙니다.
성도에게는 말씀 받는 것이 최고의 복입니다. 신명기 33장 3절에
"여호와께서 백성을 사랑하시나니 모든 성도가 그 수중에 있으며 주
의 발 아래에 앉아서 주의 말씀을 받는도다"라고 하였습니다. 하나
님께서 사랑하시는 백성에게 말씀 받는 복을 주시는 것입니다. 말씀
받는 것이 귀한 복인 줄을 아시기 바랍니다.

  또 말씀을 잘 받으려면 말씀을 사모하는 자가 되어야 합니다. 하

나님께서는 갈한 자에게 물을 주시는 분이십니다. 다윗은 말씀을 얼마나 사모하였습니까? 시편 19편 9~10절에 "여호와를 경외하는 도는 정결하여 영원까지 이르고 여호와의 규례는 확실하여 다 의로우니 금 곧 많은 정금보다 더 사모할 것이며 꿀과 송이 꿀보다 더 달도다"라고 하였습니다. 말씀을 돈보다 더 귀하게 여기고 가장 맛있는 음식 보다 더 사모하였다는 것입니다. 다윗이 하나님의 사랑을 크게 받은 이유가 여기에 있었던 것입니다. 그는 말씀을 사랑하고 사모하는 사람이었습니다. 시편 119편 130~131절에 "주의 말씀을 열므로 우둔한 자에게 비취어 깨닫게 하나이다. 내가 주의 계명을 사모하므로 입을 열고 헐떡였나이다." 다윗은 말씀을 받기 위하여 헐떡였다고 고백하고 있습니다. 말씀을 이렇게 사모하게 될 때 하나님의 말씀을 받게 되는 것입니다.

성도 여러분 여러분들은 말씀 받기를 얼마나 사모하십니까? 말씀을 사랑하고 기다리십니까? 말씀 받기를 사모하십시오. 말씀을 통하여 하나님의 모든 복들이 우리에게 내려옵니다. 말씀 받는 일을 귀히 여기십시오. 말씀 받는 시간을 우선순위로 정하고 어떤 일이든지 말씀 받기 위하여는 포기하고 말씀 받는 일에 헌신하십시오. 하나님께서는 말씀 받는 성도를 사랑하시는 것입니다.

말씀을 듣기만 하는 성도가 되지 말고 말씀을 받는 성도가 되어서 말씀을 통하여 주시는 하나님의 모든 복을 다 누리시는 성도가 되시기를 주님의 이름으로 축원합니다.

수넴 여인의 복

>하루는 엘리사가 수넴에 이르렀더니 거기 한 귀한 여인이 저를 간
>권하여 음식을 먹게 한 고로 엘리사가 그 곳을 지날 때마다 음식을
>먹으러 그리로 들어갔더라 여인이 그 남편에게 이르되 항상 우리
>에게로 지나는 이 사람은 하나님의 거룩한 사람인 줄을 내가 아노
>니 우리가 저를 위하여 작은 방을 담 위에 짓고 침상과 책상과 의
>자와 촛대를 진설하사이다 저가 우리에게 이르면 거기 유하리이다
>하였더라
>
>(열왕기하 4:8~10)

본문에서 수넴 여인을 귀한 여인이라고 하였습니다. 수넴 여인의
이름은 나와 있지 않으나 그 여인을 귀한 여인으로 소개하고 있습니
다. 왜 성경은 그를 귀한 여인이라고 했을까요? 수넴 여인은 주의
종을 잘 섬기고 복 받은 사람의 본이 되기 때문입니다. 이 여인이 받
은 복은 어떤 복이었습니까?

첫째로 하나님의 사람을 볼 줄 아는 복입니다.
수넴 여인은 하나님의 사람을 알아보았습니다. 여인은 그 남편
에게 말하기를 "여인이 그 남편에게 이르되 항상 우리에게로 지나
는 이 사람은 하나님의 거룩한 사람인 줄을 내가 아노니 우리가 저
를 위하여 작은 방을 담 위에 짓고 침상과 책상과 의자와 촛대를 진

설하사이다 저가 우리에게 이르면 거기 유하리이다"라고 하였습니다. 엘리사는 엘리야의 손에 물을 붓던 수종자로서 그때는 별로 알려지지 않은 때였습니다. 그러나 이 여인은 엘리사가 하나님의 거룩한 사람임을 알아 보았습니다. 하나님의 사람을 볼 줄 아는 그의 눈이 복이 된 것입니다.

초·중고등 학교 교사들이 받는 촌지가 사회적인 문제가 될 때가 있었습니다. 자녀들을 가르치는 선생님들을 존경하는 것은 좋은 일이지만 그 도를 넘는 일들이 생기게 되면 문제가 되는 것입니다. 그러나 학문을 가르치는 성생님보다 더 귀하게 여기고 존경해야 할 선생님들이 있습니다. 하나님의 말씀을 가르치는 교회의 선생님들입니다. 교회에서 말씀을 가르치는 선생님들을 알아 볼 줄아는 사람은 복이 있는 사람입니다.

주일학교 교사들, 구역장들, 그리고 영적인 인도자인 목사님들을 하나님의 사람인 줄을 알아보고 존경할 줄 아는 성도가 복 있는 성도입니다. 하나님의 사람은 어떤 사람입니까? 하나님께서 쓰시는 사람입니다. 그리고 하나님께서 함께하시는 사람입니다. 요한복음 3장 34절에 하나님의 사람에 대하여 소개하기를 "하나님의 보내신 이는 하나님의 말씀을 하나니 이는 하나님이 성령을 한량없이 주심이니라"고 하였습니다. 하나님의 말씀을 가르치는 사람이 하나님의 사람입니다. 하나님의 사람을 알아보고 귀히 여기며 존경할 줄 아는 것이 복입니다.

여러분에게 하나님의 말씀을 가르쳐주고 기도해주는 여러분의 영적인 인도자는 누구입니까? 그를 사랑하고 존경하는 마음을 가지십시오. 하나님께서 기뻐하실 것입니다. 수넴 여인처럼 주의 종을 하나님의 사람으로 알아보고 잘 섬기는 성도가 되어 복받는 사람이 되시기를 주님의 이름으로 축원합니다.

둘째로 하나님의 사람을 대접할 줄 아는 복입니다.

수넴 여인은 가끔 자기집 앞을 지나는 엘리사를 하나님의 사람으로 알아보고 그를 강권하여 음식을 대접하였습니다. 본문 8절에보면 "하루는 엘리사가 수넴에 이르렀더니 거기 한 귀한 여인이 저를 간권하여 음식을 먹게 한 고로 엘리사가 그 곳을 지날 때마다 음식을 먹으러 그리로 들어갔더라"라고 했습니다. 엘리사는 그 여인의 대접을 받고 지날 때 마다 음식을 먹으려고 그 집에 들어갔습니다. 수넴 여인은 주의 종을 대접하는 것을 특권으로 알고 대접하였습니다. 하나님의 종을 대접 할 수 있다는 것이 복입니다. 수넴 여인은 그 복을 알고 그 기회를 놓치지 않았습니다. 그래서 선지자가 지날 때마다 대접하였던 것입니다.

수넴 여인은 하나님의 사람을 어떻게 대접해야 하는가를 아는 사람이었습니다. 그래서 그의 남편에게 말하기를 "여인이 그 남편에게 이르되 항상 우리에게로 지나는 이 사람은 하나님의 거룩한 사람인 줄을 내가 아노니 우리가 저를 위하여 작은 방을 담 위에 짓고 침상과 책상과 의자와 촛대를 진설하사이다 저가 우리에게 이르면 거기 유하리이다 하였더라"라고 하였습니다. 하나님의 사람의 필요가 무엇인지 헤아려 세밀하게 공급하기를 원했던 것입니다. 엘리사가 여행 중에 쉬어야 할 방이 필요했고 하나님께 기도하며 말씀을 연구해야 할 방이 필요한 것을 이 여인은 알았던 것입니다. 그래서 방을 만들고 침대와 책상을 준비해 엘리사를 영접했던 것입니다.

주의 종을 섬기는 일에 중요한 것은 주의 종이 하나님의 사역을 할때 가장 절실하게 필요한 것이 무엇인가를 아는 것이 중요합니다. 지금 주의 종에게 필요한 것이 무엇인지 알아서 잘 섬기는 성도가 되시기를 바랍니다.

셋째 하나님의 사람에게 은혜를 끼치는 사람입니다.

엘리사는 이 여인이 준비한 그 방에서 쉴 때에 축복할 마음이 우러나게 되었습니다. 본문 4:11~13절에 "하루는 엘리사가 거기 이르러 그 방에 들어가서 누웠더니 자기 사환 게하시에게 이르되 이 수넴 여인을 불러오라 곧 부르매 여인이 그 앞에 선지라 엘리사가 자기 사환에게 이르되 너는 저에게 이르라 네가 이같이 우리를 위하여 생각이 주밀하도다 내가 너를 위하여 어떻게 하랴 왕에게나 군대 장관에게 무슨 구할 것이 있느냐 여인이 가로되 나는 내 백성 중에 거하나이다 하니라"고 되어 있습니다.

은혜를 끼치는 사람은 어떤 사람입니까? 저절로 축복하고자 하는 마음이 우러나는 사람입니다. 엘리사는 그 여인에게 "내가 너를 위하여 어떻게 하랴"고 하였습니다. 결국 수넴 여인은 구하지 않았지만 엘리사가 자원하여 자녀가 없는 수넴 여인에게 아들을 낳는 축복을 하였습니다. 성경의 역사를 살펴보면 하나님의 종들을 섬기는 자들에게 자녀의 복을 주신 것을 발견할 수가 있습니다. 수넴 여인도 주의 종의 절실한 필요를 공급했을 때 하나님께서 그의 절실한 필요인 자녀를 주신 것입니다.

그뿐 아닙니다. 열왕기하 8장에 보면 수년 후에 이스라엘에 기근이 들었을 때 다시 수넴 여인은 엘리사를 통하여 은혜를 입게 됩니다. 주의 종을 섬기는 것은 하나님께 저축하는 것이라고 했습니다. 주의 종을 잘 섬기고 대접하는 것은 반드시 하나님의 축복으로 되돌려 받게 되는 것입니다. 다윗은 자기의 원수인 사울을 하나님의 기름부음받은 자라는 이유로 그를 끝까지 섬겼더니 하나님께서 그의 자손들에게 복을 주시고 특히 그의 아들 솔로몬에게 하나님의 지혜와 영광의 복을 주셨던 것입니다. 주의 종을 대접할 수 있는 기회를 놓치지 마십시오. 수넴 여인은 하나님의 사람이 자기 집 앞을 지나는 것을 알았을 때 그 기회를 놓치지 않고 그를 초청하여 대접하여 복을 받았던 것입니다.

여러분들에게도 하나님께서 기회를 주십니다. 대접할 수 있고 섬길 수 있을 때 최선을 다해 섬기십시오. 때가 되면 다시 만 배의 복으로 되돌려 받게 될 것입니다. 하나님의 사람을 만나는 것이 복이며 복받을 수 있는 기회입니다. 하나님의 사람들을 잘 알아보고 섬기는 복받는 성도가 됩시다.

아브라함의 제단

\\\

> 여호와께서 그에게 이르시되 나를 위하여 삼 년 된 암소와 삼 년 된
> 암염소와 삼 년 된 숫양과 산비둘기와 집비둘기 새끼를 취할지니라
> 아브람이 그 모든 것을 취하여 그 중간을 쪼개고 그 쪼갠 것을 마주
> 대하여 놓고 그 새는 쪼개지 아니하였으며 솔개가 그 사체 위에 내
> 릴 때에는 아브람이 쫓았더라
>
> (창세기 15:9~11)

성경에 나와 있는 복받은 자들의 삶의 공통점은 예배의 삶에 헌신되었다는 것입니다. 인류 최초의 가인과 아벨의 제사가 창세기에 기록되어 있습니다. 한번의 제사를 통하여 한사람은 버림받았고 한사람은 택함을 받은 것입니다. 또 본문의 아브라함의 제사, 다윗의 오르난의 타작마당의 제사, 솔로몬의 일천 번제 등이 유명한 예배의 삶이었습니다. 성경에 복의 근원이었던 아브라함은 어느 곳에 가든지 단 쌓는 일이 그의 삶이었습니다. 오늘 본문에는 아브라함이 어떻게 제사를 드렸는지 자세히 소개하고 있습니다. 복 받은 아브라함의 제단을 묵상하고 새해에도 하나님께서 받으시는 예배를 드리고 아브라함과 같은 복을 받으시기를 주님의 이름으로 축원합니다. 아브라함이 드렸던 축복의 단은 무엇입니까?

첫째로 헌신의 단이었습니다.

하나님께서는 아브라함에게 제물을 준비하라고 하셨습니다. "여호와께서 그에게 이르시되 나를 위하여 삼 년 된 암소와 삼 년 된 암염소와 삼 년 된 숫양과 산비둘기와 집비둘기 새끼를 취할지니라." 아브라함은 하나님께 제물을 드림으로 제사를 드렸습니다. 헌신의 단입니다. 단이란 하나님께 드리기 위하여 쌓는 것입니다. 제단에 제물이 없이 제사 할 수가 없는 것입니다.

예배란 무엇입니까? 하나님께 드리기 위하여 하는 것이 예배입니다. 그래서 예배는 드리는 것이지 보는 것이 아닙니다. 예배는 우리가 하나님께 드리고 복 받는 통로입니다. 하나님께 예배를 드리는 것은 큰 특권입니다. 구약시대에는 아무라도 하나님께 제사할 수 없었습니다. 하나님의 선택받은 이스라엘 백성만이 하나님께 드릴 수가 있었고 이스라엘 백성 중에서도 레위인 만이 제사 할 수 있었습니다. 제가 아는 사람 중에 농촌에서 딸기 농사를 하는 분이 있었습니다. 이분이 어느 해 좋은 딸기를 한 상자 대통령에게 드리기 위하여 청와대에 찾아간 적이 있었습니다. 그러나 들어가지도 못하고 거절당하고 말았습니다. 대통령께서는 아무 것이나 잡수실 수가 없다고 하면서 되돌려 보낸 것입니다.

우리가 하나님께 드릴 수 있다는 것은 큰 특권임을 알아야 합니다. 하나님께서 우리에게 드리라고 하신 것은 복 주시기 위하여 드리라고 하셨습니다. 하나님께 헌신하는 단을 통하여 하나님께서 복을 주시는 것입니다. 하나님께서는 복을 주실 때마다 제물을 드리게 하셨습니다. 이삭도 축복하기 전에 별미를 가져오라고 하였습니다. 하나님께 헌신의 단을 쌓아야 합니다. 새해에는 아브라함이 쌓았던 헌신의 단을 쌓고 하나님께 드림으로 복 받는 삶이 되시기를 주님의 이름으로 축원합니다.

둘째로, 언약의 단입니다.

아브라함이 쌓은 단은 언약의 단입니다. 본문에 보면 "아브람이 그 모든 것을 취하여 그 중간을 쪼개고 그 쪼갠 것을 마주 대하여 놓고 그 새는 쪼개지 아니하였으며 솔개가 그 사체 위에 내릴 때에는 아브람이 쫓았더라"라고 하였습니다. 왜 제물을 쪼개어 놓고 제사를 드렸을까요? 제물을 쪼갠다는 것은 언약의 의미가 있습니다. 중동 지방의 사람들은 계약이나 언약을 맺을 때 짐승의 몸을 쪼개어 마주 대하여 놓고 그 사이를 지나며 맹세하는 풍습이 있습니다.

본문 17~18절에도 "해가 져서 어둘 때에 연기 나는 풀무가 보이며 타는 횃불이 쪼갠 고기 사이로 지나더라 그 날에 여호와께서 아브람으로 더불어 언약을 세워 가라사대 내가 이 땅을 애굽 강에서부터 그 큰 강 유브라데까지 네 자손에게 주노니"라고 되어있습니다. 즉 이 제단은 하나님과 언약을 맺은 언약의 제단이었습니다.

하나님께서는 하나님께 단을 쌓을 때마다 언약을 주셨습니다. 후에 이스라엘 백성들이 제사 할 때는 언약서를 낭독하였던 것입니다. 오늘날 우리의 예배는 어떻습니까? 우리의 예배도 언약의 제단이 되어야 하는 것입니다. 예배에 강단에서 하나님의 언약서인 성경말씀을 선포하고 성도들은 그 언약을 마음으로 받는 것이 예배입니다. 예배는 의식이 아닙니다. 예배는 공부도 아닙니다. 예배는 하나님께 경배하고 하나님의 약속을 받는 것이 예배입니다. 예배를 통하여 약속을 받고 받은 약속을 확인하는 것입니다. 예배를 드리고도 약속을 받지 못했다면, 의식만 행했다면 우상숭배 하는 사람들이 의식 행하는 것보다 나을 것이 없습니다.

그래서 전도서 5장 1절에 "너는 하나님의 전에 들어갈 때에 네 발을 삼갈지어다 가까이 하여 말씀을 듣는 것이 우매자의 제사 드리는 것보다 나으니 저희는 악을 행하면서도 깨닫지 못함이니라"고 하신 것입니다. 하나님께 예배를 드릴 때마다 강단을 통하여 선포되는 말씀을 통하여 약속을 받으십시오. 오늘 나에게 주신 약속이 무엇인지 귀를 기울이고 말씀을 받아야 합니다. 주시는 말씀을 나의 것으로 받을 때 하나님의 역사가 나타나는 것입니다. 새해에는 모든 예배가 언약의 제단, 아브라함의 제단이 되어 복 받는 한해가 되시기를 주님의 이름으로 축원합니다.

셋째로, 지키는 단 입니다.

아브라함의 제단은 지키는 단이었습니다. 아브라함은 단 곁에서 솔개를 쫓는 일을 하였습니다. "솔개가 그 사체 위에 내릴 때에는 아브람이 쫓았더라." 왜 솔개가 제단에 왔습니까? 제단 위에 있는 제물을 노리고 온 것입니다. 하나님께 드리는 제사를 방해하려고 온 것입니다. 아브라함은 솔개를 쫓으며 단을 지켜야 했습니다. 제사를 방해하는 솔개를 쫓아낸 것입니다. 우리도 솔개를 쫓아야 합니다. 하나님께 예배하려고 할 때 사탄은 여러 가지의 솔개들을 동원해서 예배를 방해하려고 합니다. 때로는 사업상 바빠서 예배를 참석하지 못하게 하고 때로는 친구, 자녀, 가족 등 여러 가지의 세상일로 예배를 참석하지 못하게 합니다. 우리는 이러한 솔개들을 쫓아버려야 합니다. 때로는 예배 중에도 솔개가 찾아옵니다. 예배시간에 다른 생각하고 말씀에 집중하지 못하게 하는 것입니다.

어느 분이 임종을 하게 되었습니다. 목사님이 가서 예배를 드리려고 했습니다. 그런데 사람이란 죽는 순간에는 진실을 말한다고 합니다. 그 진실 말하는 것을 듣고 목사님이 기절할 뻔했다고 합니다. "목사님, 저는 교회에 수 십 년, 목사님 교회에만도 이십 년 나간 것 같습니다. 그러나 이 시간에 돌이켜 생각해보니 한 번도 저는 설교를 들은 적이 없습니다."라고 하는 것입니다. 설교하는 시간에는 꼭 사업 궁리만 했다는 것입니다. 수첩을 꺼내놓고, 그러느라 한 번도 설교를 들은 바가 없는데 지금 딱 임종이 가까이 오고 보니 큰일났다는 것입니다. 들은 말씀이 없어서. 이 사람은 단을 지키지 못한 사람입니다. 솔개에게 다 빼앗기고 아무것도 없는 불쌍한 사람이 된 것입니다.

얼마나 많은 사람들이 예배시간에 말씀을 받지 못하고 시간만을 보내고 있습니까? 성도 여러분 말씀을 들을 때 뺏어가려고 날아오는 솔개를 쫓아내십시오. 말씀에 집중하지 못하게 하는 것은 다 사탄이 보낸 솔개입니다. 단을 잘 지켜야 합니다. 무엇이 예배를 방해하는 것인가를 살펴보십시오. 그래서 철저히 단을 지키는 삶을 사시기 바랍니다. 새해에는 아브라함처럼 제단을 잘 지켜서 아브라함의 복 받는 삶이 되시기를 주님의 이름으로 축원합니다.

바울의 간절한 기대
\\

나의 간절한 기대와 소망을 따라 아무 일에든지 부끄럽지 아니하고
오직 전과 같이 이제도 온전히 담대하여살든지 죽든지 내 몸에서
그리스도가 존귀히 되게 하려 하나니 이는 내게 사는 것이 그리스
도니 죽는 것도 유익함이니라

(빌립보서 1:20～21)

한 해를 보내고 또 한해를 맞으면서 새해에 새로운 기대를 가져봅
니다. 지난 한 해를 돌이켜 볼 때 후회스러운 삶도 있었을 것이고 보
람된 삶이었다고 생각되는 부분도 있을 것입니다. 그래서 새해에는
어떠한 삶을 살아야 되겠다고 하는 새로운 기대가 있을 것입니다. 구
원받은 성도들은 새해의 새 삶의 어떤 기대와 목표가 있어야 할까요?

오늘 본문은 바울의 이러한 새 삶의 기대를 말씀하고 있습니다. 나
는 어떠한 사람이이 되기를 기대하고 소망한다는 말씀입니다. 그래
서 '나의 간절한 기대와 소망을 따라'라고 말씀을 시작하고 있습니
다. 오늘은 바울의 간절한 기대와 소망을 묵상하고 우리의 새해의
삶의 기대를 가져보겠습니다. 바울의 기대는 무엇이었으며 성도의
삶의 목표와 기대는 무엇이었습니까?

첫째로 부끄럽지 않는 삶을 사는 것입니다.

바울은 부끄럽지 않는 삶을 사는 것이 그의 기대와 소망이었습니다. "나의 간절한 기대와 소망을 따라 아무 일에든지 부끄럽지 아니하고" 이것이 바울의 삶의 첫 번째 목표였습니다. 하나님 앞에서나 사람 앞에서나 부끄럽지 않는 삶을 사는 것이 그의 간절한 소망이었던 것이었습니다. 우리의 삶의 소망도 바로 부끄럽지 않는 삶이 아니겠습니까? 구원받은 성도의 삶도 부끄러운 삶이 있고 부끄럽지 않는 삶도 있습니다.

다니엘 12장 2~3절에 보면 "땅의 티끌 가운데서 자는 자 중에 많이 깨어 영생을 얻는 자도 있겠고 수욕을 받아서 무궁히 부끄러움을 입을 자도 있을 것이며 지혜 있는 자는 궁창의 빛과 같이 빛날 것이요 많은 사람을 옳은 데로 돌아오게 한 자는 별과 같이 영원토록 비취리라"고 하였습니다. 주님 앞에서 영원한 영광이냐 아니면 영원한 부끄러움이냐 하는 것은 현재의 삶을 어떻게 사느냐에 달려 있습니다. 우리의 삶은 어느 때인가 끝이 날 것이고 그 삶에 대한 분명한 평가가 있을 것입니다. 그 날이 바로 심판의 날인 것입니다.

이에 대하여 고린도전서 3장 11~12절에 "이 닦아 둔 것 외에 능히 다른 터를 닦아 둘 자가 없으니 이 터는 곧 예수 그리스도라 만일 누구든지 금이나 은이나 보석이나 나무나 풀이나 짚으로 이 터 위에 세우면 각각 공력이 나타날 터인데 그 날이 공력을 밝히리니 이는 불로 나타내고 그 불이 각 사람의 공력이 어떠한 것을 시험할 것임이니라"고 하였습니다. '그 날이' 공력을 밝힌 다고 하였습니다.

어떠한 삶을 살았느냐에 대한 공력을 밝히는 것입니다. 이 본문에서는 우리의 삶의 공력에 대하여 여섯가지의 건축 재료로 비유하였습니다. 금, 은, 보석 또는 나무, 풀, 짚입니다. 금, 은, 보석은 불에 타지 않는 영원한 것에 대한 비유이며 나무, 풀, 짚은 불에 타버리는 일시적인 것을 비유한 것입니다. 우리의 삶이 이세상의 일시적인 것을 위하여 살았느냐 영원한 하나님 나라를 위한 삶을 살았느냐에 대한 평가입니다. 만일 일시적인 세상일만을 위해서 살았다면 영원한 부끄러움을 당 할 것이며 영원한 것을 위해서 살았다면 하늘의 영광을 얻게 될 것입니다.

고린도전서 3장 14~15절에 "만일 누구든지 그 위에 세운 공력이 그대로 있으면 상을 받고 누구든지 공력이 불타면 해를 받으리니 그러나 자기는 구원을 얻되 불 가운데서 얻은 것 같으리라"고 하였습니다. 세상의 일은 다 없어지는 것이며 지나가는 것입니다. 이러한 일시적인 일을 목표로 사는 삶이 바로 부끄러운 삶이 될 것입니다. 그러나 영원한 것에 목표하는 삶이 될 때 그의 삶을 영원한 영광을 얻게 될 것입니다. 요한일서 2장 17절의 "이 세상도, 그 정욕도 지나가되 오직 하나님의 뜻을 행하는 이는 영원히 거하느니라"고 하신 말씀처럼 새해의 삶의 목표는 영원한 것을 향하여 부끄러움이 없는 삶을 대하시는 성도의 삶이 되십시다.

둘째로, 담대한 믿음의 사람이 되는 것입니다.
바울의 간절한 기대와 소망의 또하나는 담대함을 가지는 것입니다. "오직 전과 같이 이제도 온전히 담대하여 살든지 죽든지 내 몸에서 내 몸에서 서 그리스도가 존귀히 되게 하려하나니" 바울이 이제 비록 감옥에 갇혀있지만 담대함을 잃지 않는 삶을 원했습니다. 하나님은 담대한 사람을 쓰십니다. 하나님은 그의 사람들을 쓰실 때 마다 강하고 담대하라는 명령을 주셨습니다. 약하고 흔들리는 사람은 쓰임 받을 수 없습니다. 어떻게 담대함을 가질 수 있을까요?

강하고 담대함은 믿음에서 나오는 것입니다. 하나님을 전폭적으로 의뢰하는 믿음이 있을 때 담대함을 가질 수 있는 것입니다. 히브리서 13장 5~6절에 "돈을 사랑치 말고 있는 바를 족한 줄로 알라 그가 친히 말씀하시기를 내가 과연 너희를 버리지 아니하고 과연 너희를 떠나지 아니하리라 하셨느니라. 그러므로 우리가 담대히 가로되 주는 나를 돕는 자시니 내가 무서워 아니하겠노라 사람이 내게 어찌하리요 하노라"고 하였습니다. 하나님께서 성도를 버리지 않으십니다. 그리고 떠나지 않으십니다. 하나님께서 돕는 자신데 무엇이 두렵겠습니까?

하나님을 의뢰하고 믿음을 가질 때 강하고 담대함을 가질 수 있습니다. 하나님께서는 이러한 믿음을 가진 사람을 쓰시는 것입니다. 그래서 바울은 담대한 사람이 되기를 원했던 것입니다. 성도 여러분 새해에는 강하고 담대한 믿음을 가지십시오. 담대한 사람이 되는 것이 성도의 기대가 되어야 할 것입니다. "내가 네게 명한 것이 아니냐 마음을 강하게 하고 담대히 하라 두려워 말며 놀라지 말라 네가 어디로 가든지 네 하나님 나 여호와가 너와 함께 하느니라 하시니라." 여호수아 1장 9절의 말씀입니다. 이 말씀대로 강하고 담대한 믿음을 가지시고 승리하는 새해가 되시기를 주님의 이름으로 축원합니다.

셋째로, 그리스도를 존귀케 하는 사람이 되는 것입니다.

바울의 삶의 목표는 그리스도를 높이는 것이었습니다. "살든지 죽든지 내 몸에서 그리스도가 존귀히 되게 하려 하나니 이는 내게 사는 것이 그리스도니 죽는 것도 유익함이니라." 사는 것이 그리스도를 높이는 것이라면 살아도 좋고 만일 죽는 것이 그리스도를 높이는 것이라면 죽어도 좋다는 말입니다. 사람은 누구나 자기를 높이는 삶을 살고 있습니다. 그러나 성도의 삶은 어떠해야 합니까? 오직 그리스도를 높이는 삶을 살아야 합니다. 바울의 삶이 그것이었습니다. 바울은 모든 것을 버리고 그리스도만을 얻기 원하였습니다.

"그러나 무엇이든지 내게 유익하던 것을 내가 그리스도를 위하여 다 해로 여길뿐더러 또한 모든 것을 해로 여김은 내 주 그리스도 예수를 아는 지식이 가장 고상함을 인함이라 내가 그를 위하여 모든 것을 잃어버리고 배설물로 여김은 그리스도를 얻고 그 안에서 발견되려 함이니 내가 가진 의는 율법에서 난 것이 아니요 오직 그리스도를 믿음으로 말미암은 것이니 곧 믿음으로 하나님께로서 난 의라." 빌립보서 3장 7~9절의 바울의 간증입니다. 우리가 그리스도를 높이는 삶을 살게 되면 주님께서 우리를 높여 주십니다. 그러나 스스로 높이는 삶을 살게 되면 낮아지게 되는 것입니다. 그래서 바울의 간절한 기대와 소망이 그리스도를 높이는 삶, 그리스도가 존귀케 되는 삶을 사는 것이었습니다. 새해의 삶의 목표는 무엇이어야 하겠습니까? 오직 그리스도를 존귀하게 하는 삶을 기대하고 목표하는 삶이 되어야 하겠습니다.

이러한 성도가 되셔서 새해에도 부끄럽지 않으며 담대한 믿음으로 승리하시는 성도님들이 되시기를 주님의 이름으로 축원합니다.

IV. 바른 헌신

형제 사랑 (요일 3:14~19)

기쁨이 충만한 교제 (딤후 1:3~6)

성도의 교제 (벧전 3:8~12)

바른 헌신 (창 22:1~2)

영적 예배 (롬 12:1~2)

충성된 일꾼의 특징 (고전 4:1~6)

성령 충만을 받으려면 (행 10:44~48)

형제 사랑

우리가 형제를 사랑함으로 사망에서 옮겨 생명으로 들어간 줄을 알 거니와 사랑치 아니하는 자는 사망에 거하느니라 그 형제를 미워하는 자마다 살인하는 자니 살인하는 자마다 영생이 그 속에 거하지 아니하는 것을 너희가 아는 바라 그가 우리를 위하여 목숨을 버리셨으니 우리가 이로써 사랑을 알고 우리도 형제들을 위하여 목숨을 버리는 것이 마땅하니라
누가 이 세상 재물을 가지고 형제의 궁핍함을 보고도 도와 줄 마음을 막으면 하나님의 사랑이 어찌 그 속에 거할까 보냐 자녀들아 우리가 말과 혀로만 사랑하지 말고 오직 행함과 진실함으로 하자 이로써 우리가 진리에 속한 줄을 알고 또 우리 마음을 주 앞에서 굳세게 하리로다
(요한일서 3:14~19)

요한일서의 주제는 형제 사랑입니다. 요한일서에는 믿음의 형제가 왜 사랑해야 하며, 또 어떻게 사랑해야 하며, 그리고 서로 사랑하는 사람들에게 어떤 복이 있는가를 말씀하고 있습니다. 저도 오늘 본문을 통하여 형제사랑에 대하여 말씀드리고자 합니다.

첫째로 왜 서로 사랑해야 합니까?

주님께서는 우리에게 새 계명을 주셨는데 서로 사랑하라는 것입니

다. 서로 사랑하는 것은 주님의 명령이며 성도의 본분입니다. 그런데 왜 성도는 사랑해야 합니까? 그리스도 안에서 새로운 관계를 가지게 되었기 때문입니다. 요한 일서는 왜 성도가 서로 사랑해야 하는가를 우리에게 잘 가르쳐주고 있습니다. 요한일서 5장 1절에 "예수께서 그리스도이심을 믿는 자마다 하나님께로서 난 자니 또한 내신 이를 사랑하는 자마다 그에게 난 자를 사랑하느니라"고 했습니다. 예수님을 믿는 사람은 하나님께로서 난자 즉 하나님의 자녀이며 하나님의 자녀는 또다른 하나님의 난 자인 형제를 사랑하게 된다는 것입니다. 형제는 서로 사랑하게 되어 있습니다. 서로 사랑하는 것을 볼 때 그들이 형제인 것을 알게 됩니다. 믿음의 형제도 마찬가지입니다.

본문 14절 말씀에 "우리가 형제를 사랑함으로 사망에서 옮겨 생명으로 들어간 줄을 알거니와 사랑치 아니하는 자는 사망에 거하느니라 그 형제를 미워하는 자마다 살인하는 자니 살인하는 자마다 영생이 그 속에 거하지 아니하는 것을 너희가 아는 바라"고 했습니다. 구원받은 성도들이 서로 사랑하게 될 때 그들이 바로 하나님의 자녀들인 줄을 알게 된다는 것입니다. 우리가 구원받은 후 믿음 안에서 서로 한 형제가 되었으니 서로 사랑하는 것이 당연하다는 말씀입니다. 우리가 주안에서 형제가 되기까지는 주님께서 목숨을 버리시기까지의 희생이 있었습니다. 주님께서 목숨을 버리심으로 우리를 형제로 만들어 주셨는데 어찌 사랑하지 않을 수 있겠습니까? 본문 16절에 말씀하시기를 "그가 우리를 위하여 목숨을 버리셨으니 우리가 이로써 사랑을 알고 우리도 형제들을 위하여 목숨을 버리는 것이 마땅하니라"고 하였습니다. 우리는 한피받아 한몸 이룬 형제이기 때문에 서로 사랑해야 한다는 것입니다.

둘째로 믿음의 형제는 어떻게 사랑해야 합니까?

믿음안에서 형제된 우리가 서로 사랑할 때 어떻게 사랑해야 합니까? 본문 18절 말씀에 "자녀들아 우리가 말과 혀로만 사랑하지 말고 오직 행함과 진실함으로 하자"라고 하였습니다. 말로만 하는 사랑은 사랑이 아닙니다. 행함과 진실함으로 해야 한다고 했습니다. 행함과 진실함으로 사랑하는 것은 어떤 것입니까?

본문 3장 17절에 "누가 이 세상 재물을 가지고 형제의 궁핍함을 보고도 도와 줄 마음을 막으면 하나님의 사랑이 어찌 그 속에 거할까 보냐"라고 하였습니다. 입으로만 하는 사랑이 아니라 행동으로 나타나는 사랑이어야 한다는 말씀입니다. 그리고 진실함으로 해야 합니다. 우리는 입으로는 믿음의 형제라고 부르지만 정말 친 형제같이 대하지 않는 경우가 많습니다. 어떤 믿음의 형제가 어려운 일을 당했을 때 우리는 어떻게 대합니까? 정말 친형제 나의 가족에게 하듯 하고 있습니까? 말로만, 입으로만 형제가 아니고 친 형제처럼 사랑해야 진실한 형제의 사랑이 되는 것입니다.

사도바울은 로마서 12:10에 "형제를 사랑하여 서로 우애하고 존경하기를 서로 먼저 하"라고 권면하였습니다. 교회안에서 맺어진 믿음의 형제들을 친형제로 알고 서로 사랑하여 어려운 일이 있을 때 위로하고 섬기며 기쁜 일에 기뻐할 수 있는 진실한 사랑이 있어야 하는 것입니다. 우리 주위에 궁핍한 형제가 있다면 사랑으로 돕고 섬기는 마음이 그것입니다. 사도요한은 "누가 이 세상 재물을 가지고 형제의 궁핍함을 보고도 도와 줄 마음을 막으면 하나님의 사랑이 어찌 그 속에 거할까 보냐"라고 권면합니다. 형제가 어려움에 빠져있는데 입으로는 형제라고 부르면서 행함과 진실함으로 돕지 않는다면 어찌 사랑이라고 할 수 있겠습니까? 입으로만이 아닌 행함과 진실함으로 사랑하는 믿음의 형제가 되시기 바랍니다.

셋째로 서로 사랑하면 어떤 복을 받게 됩니까?

그리스도안에서 형제된 성도들이 서로 사랑하는 삶을 살게 되면 여러 가지의 복을 받게 됩니다. 본문 19절 말씀에 "이로써 우리가 진리에 속한 줄을 알고 또 우리 마음을 주 앞에서 굳세게 하리로다"라고 하였습니다. 먼저 우리가 서로 사랑할 때 진리에 속한 줄 알게 된다고 하였습니다. 믿음의 형제가 서로 사랑하면 진리안에 거한다는 확신을 얻게 됩니다. 그래서 본문 3:14절 말씀에 "우리가 형제를 사랑함으로 사망에서 옮겨 생명으로 들어간 줄을 알거니와 사랑치 아니하는 자는 사망에 거하느니라"고 하셨습니다. 서로 사랑하게 될 때 영생에 들어간 줄을 알게 된다는 것입니다. 즉 구원받은 형제들이 서로 사랑함으로 구원의 기쁨과 감격을 누리게 된다는 것입니다.

뿐만 아니라 "우리 마음을 주 앞에서 굳세게 한다고 했습니다. 이 말은 확신을 가지게 된다는 것입니다. 어떤 확신을 가지게 됩니까? 구원의 확신입니다. 그리고 하나님께서 함께하신다는 확신이며 하나님의 자녀된 확신입니다. 이러한 확신은 형제가 서로 사랑할 때 얻어지는 복입니다. 믿음 안에서 서로 사랑함으로 아름답게 성장하는 믿음을 가지시기 바랍니다. 그리고 형제가 사랑하면 하나님께서 함께하시는 복을 주십니다.

요한일서 4:12 말씀에 "어느 때나 하나님을 본 사람이 없으되 만일 우리가 서로 사랑하면 하나님이 우리 안에 거하시고 그의 사랑이 우리 안에 온전히 이루느니라"고 하였습니다. 우리가 사랑할 때 하나님께서 우리 가운데 거하신다고 하셨습니다. 하나님은 형제가 서로 사랑할 때 그 곳에 계십니다. 하나님께서 거하시는 복입니다. 형제가 서로 사랑하면 이렇게 큰 복을 받습니다.

그리고 서로 사랑할 때 하나님의 사랑이 온전히 이루어 집니다. '서로 사랑하면 하나님의 사랑이 온전히 이루느니라'는 본문의 말씀처럼 하나님의 사랑이 이루어 지는 것입니다. 하나님의 사랑이 이루어지는 것은 서로 사랑하는 자들에게 성령을 주시기 때문입니다. 본문 4장 13절 말씀에 "그의 성령을 우리에게 주시므로 우리가 그 안에 거하고 그가 우리 안에 거하시는 줄을 아느니라"성령을 누구에게 주십니까? 서로 사랑하는 사람에게 주십니다. 형제가 서로 사랑할 때 성령을 주셔서 우리가 주님안에 거한다는 확신을 주시고 하나님의 사랑이 온전히 이루어 짐으로 삶의 기쁨과 행복을 얻게 해 주시는 것입니다.

형제가 서로 사랑함으로 이러한 복을 누리시기를 바랍니다. 오늘은 형제 사랑에 대하여 말씀드렸습니다. 우리는 믿음안에서 한피 받아 한몸 이룬 형제이기 때문에 서로 사랑해야 하며 말과 혀로만이 아닌 행함과 진실함으로 해야 합니다. 이러한 형제 사랑을 실천할 때 하나님의 사랑이 온전히 이루며 하나님께서 함께하시는 복을 받게 된다고 하였습니다. 이러한 형제사랑을 실천하여 하나님의 은혜를 누리는 성도가 되시기를 주님의 이름으로 축원합니다.

기쁨이 충만한 교제

//

나의 밤낮 간구하는 가운데 쉬지 않고 너를 생각하여 청결한 양심
으로 조상 적부터 섬겨 오는 하나님께 감사하고 네 눈물을 생각하
여 너 보기를 원함은 내 기쁨이 가득하게 하려 함이니 이는 네 속에
거짓이 없는 믿음을 생각함이라 이 믿음은 먼저 네 외조모 로이스
와 네 어머니 유니게 속에 있더니 네 속에도 있는 줄을 확신하노라
그러므로 내가 나의 안수함으로 네 속에 있는 하나님의 은사를 다
시 붙일 듯하게 하기 위하여 너로 생각하게 하노니

(디모데후서 1:3∼6)

성도의 아름다운 교제는 하나님의 복입니다. 본문은 바울과 디모
데의 아름다운 교제를 소개하고 있습니다. 바울은 디모데를 만나는
것 만으로도 기쁨이 충만하다고 하였습니다. 그리스도인의 교제는
바로 이러한 교제입니다. 바울과 디모데의 교제가 어떤 교제이기에
기쁨이 충만한 교제가 될 수있었을 까요? 왜 디모데를 만나면 기쁨
이 충만 했을 까요?

첫째로 청결한 양심이 있었기 때문입니다.

디모데는 청결한 양심으로 하나님을 섬기는 사람이라고 바울은 말
하고 있습니다. 청결한 양심이란 무엇입니까? 하나님만을 향한 마
음, 하나님 중심의 마음, 하나님만을 섬기는 마음을 청결한 마음이

라고 합니다. 디모데에게 이러한 마음이 있었기에 바울은 디모데를 만나는 것이 기쁨이라고 한 것입니다. 하나님께 온전히 마음이 향한 사람들 끼리의 교제를 한 번 생각해 보십시오. 얼마나 감격스럽고 복된 교제입니까?

마음이 청결한 디모데 그를 만나서 교제하는 것이 얼마나 복되고 충만한 기쁨이었을까 상상이 됩니다. 바울은 그래서 디모데를 간절히 만나고자 했던 것입니다. 우리 성도들의 교제는 이러한 교제가 되어야 합니다. 시편 119편 63절에 보면 "나는 주를 경외하는 모든 자와 주의 법도를 지키는 자의 동무라"고 다윗은 말하였습니다. 하나님을 경외하고 하나님을 사랑하는 사람들의 교제가 성도의 교제입니다. 이러한 성도의 교제를 통하여 하나님의 은혜를 나누며 하나님으로 충만해 지는 복을 누리게 됩니다.

이러한 교제를 사모하십시오. 이러한 교제는 성도의 복이며 충만한 기쁨입니다. 이러한 교제를 통하여 하나님을 향하여 변화되는 삶이 되고 아름답게 성장해가는 복을 누리게 됩니다. 요한일서 4장 12절에 "어느 때나 하나님을 본 사람이 없으되 만일 우리가 서로 사랑하면 하나님이 우리 안에 거하시고 그의 사랑이 우리 안에 온전히 이루느니라"고 했습니다. 성도의 교제를 통하여 하나님의 사랑을 온전히 이루게 됩니다. 좋은 교회는 이러한 교제가 충만한 교회입니다.

그래서 바울은 빌립보서 1장3~6에 빌립보 교회에 대하여 말하기를 "내가 너희를 생각할 때마다 나의 하나님께 감사하며 간구할 때마다 너희 무리를 위하여 기쁨으로 항상 간구함은 첫날부터 이제까지 복음에서 너희가 교제함을 인함이라"고 했습니다. 빌립보 성도들의 복음안에서의 좋은 교제가 바울에게 기쁨과 감격이 되었던 것입니다. 성도 여러분 성도의 복된 교제를 통하여 충만한 기쁨을 누리시며 하나님의 사랑을 온전히 이루시게 되시기를 축원합니다.

왜 바울이 디모데를 만나는 것이 충만한 기쁨이었을까요?

둘째로 순수한 믿음이 있었기 때문입니다.

디모데는 거짓없는 믿음을 가진 사람이었다고 했습니다. 디모데는 그 외할머니 로이스와 그 어머니 유니게로부터 물려받은 순수한 믿음을 가진 사람이었습니다. 거짓 없는 믿음이란 어떤 믿음입니까? 하나님의 말씀 중심의 믿음입니다. 인간적인 생각이나 육적인 방법을 생각하는 믿음이 아니라 오직 하나님의 말씀을 따라서 순종하는 말씀 중심의 믿음을 순수한 믿음이라고 합니다. 디모데에게는 이러한 믿음이 있었기에 바울은 디모데를 만나는 것이 그렇게도 큰 기쁨이었습니다. 믿음과 믿음이 통할 때 그 기쁨은 더욱 커지고 깊어집니다.

순수한 믿음을 가진 사람끼리의 교제가 얼마나 감격스럽고 복된 교제인지 생각해 보십시오. 바울은 디모데의 그 믿음을 생각하여 디모데 만나기를 사모했고 디모데를 만나면 기쁨이 충만할 것이라고 했던 것입니다. 성도가 서로 만나는 것이 다 성도의 교제가 아닙니다. 믿음 안에서의 교제가 바로 성도의 교제입니다. 믿음의 교제는 성도의 복입니다.

빌레몬서 4~6절에 보면 "내가 항상 내 하나님께 감사하고 기도할 때에 너를 말함은 주 예수와 및 모든 성도에 대한 네 사랑과 믿음이 있음을 들음이니 이로써 네 믿음의 교제가 우리 가운데 있는 선을 알게 하고 그리스도께 미치도록 역사하느니라"고 했습니다. 믿음안에서의 교제는 복입니다. 믿음의 교제를 사모하십시오. 믿음의 교제를 통하여 성도는 풍성한 복을 누리고 충만한 기쁨을 누리는 것입니다. 믿음의 복된 교제를 통하여 풍성한 기쁨을 누리시는 성도가 되시기를 주님의 이름으로 축원합니다.

왜 바울이 디모데를 만나는 것이 충만한 기쁨이었습니까?

셋째로 교제를 통하여 믿음의 성장을 보기 때문입니다.
바울은 디모데를 만나면 은사가 불일 듯하게 될 것을 기대하였습니다. 본문 6절에 "그러므로 내가 나의 안수함으로 네 속에 있는 하나님의 은사를 다시 붙일 듯하게 하기 위하여 너로 생각하게 하노니"라고 했습니다. 바울과 디모데의 만남은 서로의 믿음이 견고해질 뿐 아니라 은사가 불일 듯하고 신앙이 성장되는 복을 누리게 된다고 하였습니다. 믿음이 성장하는 교제는 복된 교제입니다. 그래서 바울은 디모데를 만나는 것이 충만한 기쁨이라고 했습니다. 사람은 교제를 통하여 영향을 받고 변화됩니다.

잠 27:17에 보면 "철이 철을 날카롭게 하는 것같이 사람이 그 친구의 얼굴을 빛나게 하느니라"고 했습니다. 교제를 통하여 사람은 변화됩니다. 어떤 교제는 사람을 아름답게 변화시키는가 하면 어떤 교제는 악 영향을 받아 나쁘게 변화시키기도 합니다. 성도의 교제는 성도의 신앙을 성장시키는 교제가 되어야 하겠습니다. 교제를 통하여 좋은 영향을 받고 신앙이 성장하게 될 때 그 교제는 복된 교제가 되고 기쁨이 충만한 교제가 됩니다. 이러한 교제는 성도에게 늘 있어야 합니다. 이러한 교제를 사모하십시오. 믿음이 성장하는 교제는 하나님께서 함께 하시고 주님께서 동참하시는 교제입니다.

요한일서 1장 3~4절에 보면 "1:3 우리가 보고 들은 바를 너희에게도 전함은 너희로 우리와 사귐이 있게 하려 함이니 우리의 사귐은 아버지와 그 아들 예수 그리스도와 함께 함이라 우리가 이것을 쓴은 우리의 기쁨이 충만케 하려 함이로라"고 했습니다. 주님과 함께 하는 교제, 하나님과 동행하는 교제, 이러한 교제를 통하여 믿음이 성장합니다. 성도들은 이러한 교제를 사모해야 합니다.

좋은 교제는 성도의 복입니다. 청결한 양심을 가진 사람들의 복음의 교제, 순수한 믿음안에서의 말씀의 교제, 믿음이 성장하는 복된 교제, 이러한 교제를 사모하시고 복된 교제를 통하여 항상 풍성한 복을 누리시는 성도가 되시기를 주님의 이름으로 축원합니다.

성도의 교제

마지막으로 말하노니 너희가 다 마음을 같이하여 체휼하며 형제를 사랑하며 불쌍히 여기며 겸손하며 악을 악으로 욕을 욕으로 갚지 말고 도리어 복을 빌라 이를 위하여 너희가 부르심을 입었으니 이는 복을 유업으로 받게 하려 하심이라

그러므로 생명을 사랑하고 좋은 날 보기를 원하는 자는 혀를 금하여 악한 말을 그치며 그 입술로 궤휼을 말하지 말고 악에서 떠나 선을 행하고 화평을 구하여 이를 좇으라 주의 눈은 의인을 향하시고 그의 귀는 저의 간구에 기울이시되 주의 낯은 악 행하는 자들을 향하시느니라 하였느니라

(벧전 3:8~12)

좋은 교회, 좋은 성도의 특징 중 하나는 성도의 좋은 교제입니다. 좋은 성도의 교제는 성도의 복이며 특권입니다. 성도의 교제는 세상 교제와 다릅니다. 그 목적이 다르고 그 복이 다릅니다. 이러한 성도의 교제는 어떻게 해야 합니까? 오늘 본문은 성도의 교제의 특성에 대하여 말씀하고 있습니다. 성도의 교제는 어떠해야 합니까? 어떤 교제가 성도의 교제입니까?

첫째로 위로와 격려의 교제입니다.

서로 위로와 격려하는 교제가 성도의 교제입니다. 성도들은 교제

를 통하여 위로를 얻습니다. 위로란 알아주고 함께 해 주는 것이 위로입니다. 그래서 본문에서는 체휼이라는 단어를 사용하였습니다. 체휼이란 동정한다는 뜻입니다. 상대방의 입장을 알아주어 동정한다는 뜻입니다. 성도들은 만날 때마다 서로의 입장을 알아주고 슬픔과 기쁨을 함께 나누는 교제를 해야 합니다. 그래서 성도들의 입에서는 '얼마나 애쓰십니까?' '힘드시지요' 라는 위로의 말이 항상 있어야 합니다.

그리고 격려하는 교제가 있어야 합니다. 위로가 상대를 알아주는 것이라면 격려는 힘을 북돋아 주는 것입니다. 상대를 인정해주고 칭찬해주는 일입니다. 사람은 인정받고 싶은 욕구가 있습니다. 다른 사람에게 인정받고 칭찬을 받을 때 힘이 나고 용기가 생기는 것입니다. 성도는 이러한 교제를 해야 합니다.

히브리서 10장 24~5절에 "서로 돌아보아 사랑과 선행을 격려하며 모이기를 폐하는 어떤 사람들의 습관과 같이 하지 말고 오직 권하여 그 날이 가까움을 볼수록 더욱 그리하자"라고 하였습니다. 서로 격려해야 합니다. 그래서 성도의 교제에 항상 '당신은 할 수 있습니다', '당신의 얼굴만 보아도 은혜가 됩니다'라는 격려가 있어야하고 '잘 하셨습니다', '훌륭합니다' 등의 칭찬이 있어야 합니다. 사람의 변화는 지적하고 책망하는 것에 있지 않고, 인정해주고 칭찬해주는 격려에 있습니다. 세상 사람들의 교제는 자랑하고 뽐내는 교제라면 성도의 교제는 위로와 격려의 겸손의 교제입니다. 이러한 성도의 교제를 통하여 힘을 얻고 하나님의 복을 받으며 신앙이 성장하게 되는 것입니다. 상대방을 깍아 내리고 자신을 드러내는 말을 하지 말고 주님 안에서 위로와 격려가 넘치는 성도의 교제가 되시기를 바랍니다.

둘째로, 관용과 사랑의 교제입니다.

성도의 교제에서 가장 중요한 특성은 사랑입니다. 성도의 사랑은 주님께서 명령하신 것입니다. 성도가 서로 사랑할 때 주님께서 함께 하시고 복을 주십니다. 요일 4:12절에 "어느 때나 하나님을 본 사람이 없으되 만일 우리가 서로 사랑하면 하나님이 우리 안에 거하시고 그의 사랑이 우리 안에 온전히 이루느니라"고 하셨습니다. 서로 사랑할 때 하나님께서 함께 하신다는 말씀입니다. 하나님께서 우리를 사랑하셨기 때문에 우리도 서로 사랑해야 한다고 하였습니다. 하나님의 사랑은 우리에게 어떻게 나타났습니까? 용서와 구속으로 나타났습니다.

요한일서 4:9~10절에 "하나님의 사랑이 우리에게 이렇게 나타난바 되었으니 하나님이 자기의 독생자를 세상에 보내심은 저로 말미암아 우리를 살리려 하심이니라 사랑은 여기 있으니 우리가 하나님을 사랑한 것이 아니요 오직 하나님이 우리를 사랑하사 우리 죄를 위하여 화목제로 그 아들을 보내셨음이니라"고 하였습니다. 하나님의 사랑은 용서와 관용입니다. 하나님께서 우리를 용서하시고 받아주셨으니 우리도 형제를 사랑하고 관용하는 마음으로 형제를 대하여야 합니다. 그래서 본문에도 "너희가 다 마음을 같이하여 체휼하며 형제를 사랑하며 불쌍히 여기며 겸손하며"라고 하였습니다. 형제를 이해하고 관용하는 것이 성도의 교제이며 구원받은 사람의 본분입니다.

그래서 우리는 항상 '그럴 수도 있지', '사랑합니다'라는 말을 할 줄 알아야 하겠습니다. 형제들의 부족한 점을 볼 때마다 '그럴 수도 있지'라는 관용으로 대하십시오. '왜', '왜 그랬어!'라는 말로 대하지 마십시오. 이해하는 마음 용서하는 마음으로 교제하십시오. 그리고 항상 '사랑합니다'라는 말로 사랑을 말하십시오. 형제를 사랑하는 것이 성도의 본분입니다. "사랑하는 자들아 하나님이 이같이 우리를 사랑하셨은즉 우리도 서로 사랑하는 것이 마땅 하도다." 요한일서 4장 11절의 말씀입니다. 성도의 교제는 사랑과 관용입니다.

셋째로, 축복하는 교제입니다.

축복이란 복을 빌어 주는 것을 말합니다. 성도의 교제는 주의 이름으로 서로 복을 빌어주는 것입니다. 복은 하나님께서 주시는 것입니다. 그러나 축복은 사람이 하는 것입니다. 하나님께서는 사람의 축복을 통하여 복을 주십니다. 구약에서는 제사장들이 축복하고 하나님께서는 그 축복에 따라서 복을 주셨다고 하였습니다.

민수기 6장 23~27절에 보면 "아론과 그 아들들에게 고하여 이르기를 너희는 이스라엘 자손을 위하여 이렇게 축복하여 이르되 여호와는 네게 복을 주시고 너를 지키시기를 원하며 여호와는 그 얼굴로 네게 비취사 은혜 베푸시기를 원하며 여호와는 그 얼굴을 네게로 향하여 드사 평강 주시기를 원하노라 할지니라 하라 그들은 이같이 내 이름으로 이스라엘 자손에게 축복할지니 내가 그들에게 복을 주리라"고 하였습니다. 하나님의 제사장은 백성에게 축복하고 하나님께서는 복을 주신다는 말씀입니다. 이와 같이 신약시대인 오늘날에도 성도가 축복을 하고 하나님께서는 복을 주십니다. 성도는 축복하는 교제를 해야 합니다.

그래서 본문에도 "악을 악으로, 욕을 욕으로 갚지 말고 도리어 복을 빌라 이를 위하여 너희가 부르심을 입었으니 이는 복을 유업으로 받게 하려 하심이라"(벧전 3:9). 축복하는 것은 성도의 사명입니다. 성도가 교제하는 목적 중 하나는 축복에 있습니다. 사도 바울은 로마에 가기를 원하였습니다. 바울이 이렇게 로마에 가기를 소원하였던 것은 로마에 있는 성도들을 축복하기 위해서였습니다.

로마서 15장 29절에 바울은 "내가 너희에게 나갈 때에 그리스도의 충만한 축복을 가지고 갈 줄을 아노라"고 하였습니다. 서로 만나면 축복하는 성도가 되어야 합니다. 다른 사람을 축복 할 때 축복하는 사람에게도 복을 주십니다. 시편 109편 17~18절에 "저가 저주하기를 좋아하더니 그것이 자기에게 임하고 축복하기를 기뻐 아니하더니 복이 저를 멀리 떠났으며 또 저주하기를 옷 입듯 하더니 저주가 물같이 그 내부에 들어가며 기름같이 그 뼈에 들어갔나이다"라고 하였습니다.

축복하기를 즐겨하는 사람에게 하나님께서 복을 주십니다. 만날 때마다 '하나님께서 당신과 함께 하시기를 바랍니다', '당신에게 하나님께서 복 주시기를 원합니다'라고 축복하십시오. 성도의 교제는 서로 위로와 격려로, 사랑과 관용으로 축복하는 말로 하는 교제입니다. 비판과 농담의 말이 아닌 그리스도안에서의 거룩한 교제로 복을 누리시는 성도가 되시기를 주의 이름으로 축원합니다.

바른 헌신
\\\\\\\\\\\\\\\\\\\\\\\

그 일 후에 하나님이 아브라함을 시험하시려고 그를 부르시되 아브라함아 하시니 그가 가로되 내가 여기 있나이다 여호와께서 가라사대 네 아들 네 사랑하는 독자 이삭을 데리고 모리아 땅으로 가서 내가 네게 지시하는 한 산 거기서 그를 번제로 드리라

(창세기 22:1~2)

우리가 하나님께 드리는 모든 것, 우리의 몸과 마음 재물, 봉사, 예배와 헌물 등을 헌신이라고 합니다. 하나님께서는 우리에게 모든 것을 은혜로 주시고 우리는 헌신으로 하나님께 화답하는데 하나님은 우리의 헌신을 통하여 복을 주십니다. 헌신은 복받는 비결이며 통로입니다. 그러나 바르게 하나님의 명하신 대로 헌신하지 않으면 하나님께서 받으시지 않으십니다.

가인은 정성을 다하여 하나님께 제사를 드렸으나 받지 않으셨고 아나니아와 삽비라도 자신의 소유를 드렸으나 저주를 받았습니다. 왜 그들은 그런 결과를 받아야 했습니까? 헌신은 했으나 바른 헌신이 되지 못했기 때문입니다. 그러나 하나님께서 인정하시고 받으시는 헌신이 있었는데 오늘 본문의 아브라함의 헌신이었습니다. 그래서 오늘은 본문을 통하여 바른 헌신에 대하여 말씀 드리겠습니다.

첫째로 바른 헌신이란 하나님께서 명하신 그것을 드리는 것입니다.

하나님께서는 아브라함에게 무엇을 드려야 할 것인가를 분명하게 말씀하셨습니다. "네 아들 네 사랑하는 독자 이삭을 드리라"고 하셨습니다. 바른 헌신이란 하나님께서 드리라고 하신 그것을 드리는 것입니다. 아브라함에게는 정말 실행하기 어려운 명령이었습니다. 백세에 낳은 아들, 사랑하는 독자 이삭을 드리라는 것입니다. 아브라함은 하나님께 이렇게 말하고 싶었을 것입니다. "하나님 이스마엘을 드리면 안됩니까? 아니 최고 좋은 보물과 짐승으로 드리면 안됩니까? 왜 이삭만을 드려야 합니까? 이삭이 아닌 다른 것으로 드리겠습니다"라고 말입니다. 그러나 아브라함이 자기의 생각대로 자기 편리한대로 드렸다면 하나님께서 받으시지 않았을 것입니다.

하나님의 받으시는 헌신은 오직 하나님께서 명하신 그것을 드려야 하는 것입니다. 그래서 아브라함은 자기의 목숨과 같이 사랑하는 독자 이삭을 그 명령대로 하나님께 드림으로 하나님께 인정을 받고 믿음의 조상이 되었던 것입니다. 우리는 어떻습니까? 때때로 말씀을 통하여, 성령께서 우리 마음에 드리라고 명령하실 때가 있습니다. 우리는 하나님께서 드리라고 하신 그것을 드리지 않고 내 생각대로 할 때가 얼마나 많습니까? 아나니아와 삽비라가 자기의 가진 것 전부를 드린다고 하면서 일부를 감추었을 때 하나님께서 받으실 수 없는 것이 되고 말았습니다. 그것은 성령을 속이는 일이었기 때문입니다. 성도 여러분 주님께서 드리라고 명하신 그것이 무엇입니까? 그것을 지금 주님께 드리십시오. 주님은 바른 헌신을 원하십니다. 하나님께서 인정하시는 헌신을 드리시기 바랍니다.

둘째로 바른 헌신은 하나님께서 명하신 그 곳에 드려지는 것입니다.

하나님께서는 아브라함에게 드릴 곳을 명하셨습니다. "모리아 땅으로 가서 내가 네게 지시하는 한 산 거기서 그를 번제로 드리라" 하나님께 드리되 아무 곳에서나 드려서는 안되었습니다. 하나님께서 지시하시는 한 산 그곳에서 드려야 했습니다. 하나님께서 택하신 그곳은 어떤 곳이었습니까? 그 곳은 후일에 다윗 왕이 하나님께 범죄하고 하나님께 제사를 드릴 때 하나님께서 그 제사를 받으시고 저주를 그치게 하셨던 곳 오르난의 타작마당 이었고 솔로몬이 예루살렘 성전을 세운 바로 성전의 터가 된 곳이었습니다. 그 내용이 역대하 3장 1절에 기록되기를 "예루살렘 모리아 산에 여호와의 전 건축하기를 시작하니 그 곳은 전에 여호와께서 그 아비 다윗에게 나타나신 곳이요 여부스 사람 오르난의 타작 마당에 다윗이 정한 곳이라"고 하였습니다.

하나님께서 아브라함에게 모리아 땅 하나님의 지시한 곳에서 드리라고 하신 것은 하나님의 뜻과 섭리가 있었던 것입니다. 그런데 만일 아브라함이 '멀리까지 갈 필요없이 가까운 곳에서 드리겠습니다. 하나님은 어디에나 계시지 않습니까?' 하고 아무데서나 드렸다면 하나님께서 받으셨겠습니까? 아브라함은 하나님의 명령대로 사흘길을 여행을 해서 하나님의 택하신 그곳에서 제사를 드림으로 하나님께 인정받는 헌신이 되었습니다. 우리는 어떻습니까? 내 생각 내가 편리한대로 드리고 있는 것은 아닙니까?

우리에게도 헌신하도록 택하신 곳이 있습니다. 하나님의 뜻이 있어서 여러분을 세워주신 그 교회가 바로 헌신하라고 명하신 곳이니다. 교회는 헌신하고 드리는 곳으로 하나님께서 명하신 곳입니다 그래서 바울도 골로새서 1장 24절에 "내가 이제 너희를 위하여 받는 괴로움을 기뻐하고 그리스도의 남은 고난을 그의 몸된 교회를 위하여 내 육체에 채우노라"고 하였습니다. 교회가 아닌 다른 곳에 헌신하는 것은 바른 헌신이 아닙니다. 하나님은 교회를 통하여 드리는 헌신을 받으시는 것입니다. 하나님의 뜻에 따라서 자신이 소속된 그 교회를 통하여 헌신하십시오. 교회를 통하여 드리는 헌신을 하나님은 받으십니다. 교회를 통한 헌신이 바른 헌신입니다.

셋째로 바른 헌신은 하나님께서 명하신 그 방법으로 드리는 것입니다.

하나님께서는 아브라함에게 그의 아들 이삭을 번제로 드리라고 하였습니다. 번제란 내장을 드러내고 불살라 올리는 제사입니다. 그런데 이렇게 이삭을 불사르는 번제로 드리라는 것입니다. 아브라함은 이삭을 하나님께 드리더라도 죽지 않고 드리는 방법으로 드리고 싶었을 것입니다. 더욱이 불사르는 번제로 드리지 않고 다른 방법으로 드리고 싶었을 것입니다. 그러나 하나님의 명령은 분명했습니다. 번제로 드리라! 자기 생각 자기 방법대로 드리는 것은 바른 헌신이 아닙니다. 하나님의 명하신 그 방법대로 드리는 것이 바른 헌신입니다. 아브라함은 하나님의 명령대로 번제를 드리기 위해 이삭을 잡으려고 했을 때 하나님께서 그를 인정하시고 받으셨습니다.

사울왕은 전쟁 중에 제사장이 오지 않으므로 제사장만이 드릴 수 있는 제사를 자기가 드림으로 하나님께 버림받았습니다. 하나님께 드리되 바른 방법으로 드려야 합니다. 그 바른 방법이란 하나님께서 명하신 방법입니다. 나아만 장군은 요단강에서 일곱 번 씻으라고 하는 명령을 들었을 때 요단보다 더 깨끗한 다메섹 강에서 씻겠다고 하였습니다. 아무리 더 깨끗한 곳이 있다고 할 지라도 하나님의 명대로 하지 않았다면 그는 고침을 받지 못하였을 것입니다.

우리는 어떻습니까? 내 생각대로 내 고집대로 하고 있지는 않습니까? 어떤 성도들은 십일조를 교회에 드리지 않고 구제 사업에 드리는 사람이 있습니다. 이러한 헌신은 하나님께서 받으시는 것이 아닙니다. 십일조는 십일조로 드리고 구제헌금은 구제금으로 드려야 합니다. 자기 생각대로 바꾸고 적당히 편리하게 드리는 것은 바른 헌신이 아닙니다. 하나님의 방법대로 하나님의 명하신대로 드려야 합니다. 그것이 바로 바른 헌신이 되는 것입니다.

우리의 헌신이 말씀의 원리에 맞는지 잘 묵상해봅시다. 원리에 맞지않는 일이 있다면 바로 고치고 하나님의 방법을 찾아서 말씀의 원리에 따라서 헌신하는 성도가 됩시다.

저는 오늘 바른 헌신에 대하여 말씀드렸습니다. 하나님의 명하신 그것을 하나님께 드리십시오. 그리고 하나님께서 명하신 그곳에서 헌신해야 합니다. 헌신은 하나님의 명하신 방법대로 드려야 합니다. 이러한 바른 헌신의 삶으로 하나님께서 인정하시고 받으시는 성도가 되시기를 주님의 이름으로 축원합니다.

영적 예배

그러므로 형제들아 내가 하나님의 모든 자비하심으로 너희를 권하
노니 너희 몸을 하나님이 기뻐하시는 거룩한 산 제사로 드리라 이
는 너희의 드릴 영적 예배니라. 너희는 이 세대를 본받지 말고 오직
마음을 새롭게 함으로 변화를 받아 하나님의 선하시고 기뻐하시고
온전하신 뜻이 무엇인지 분별하도록 하라

(로마서 12:1~2)

하나님의 백성의 표는 하나님께 예배하는 것입니다. 구약시대에는
양이나 염소 같은 짐승을 드리는 제사로 예배를 드렸지만 신약 시대
인 오늘날에는 영적 예배를 드립니다. 영적 예배는 양이나 염소를
드리는 것이 아니라 자신을 하나님께 드리는 것입니다. 영적 예배는
무엇입니까?

첫째로 몸을 드리는 것입니다.
"너희 몸을 하나님이 기뻐하시는 산 제사로 드리라" 우리가 하나
님께 드릴 제물은 우리의 몸입니다. 하나님이 원하시는 것은 우리의
몸입니다. 몸으로 드리는 제사가 영적 예배입니다. 몸으로, 봉사하
고 몸으로 섬기고, 몸으로 드리는 것입니다. 구약 시대에는 몸을 하
나님께 보이는 것도 제사였습니다.

출애굽기 23장 17절에 보면 "너의 모든 남자는 매년 세 번씩 주 여호와께 보일지니라"고 했습니다. 하나님께 몸을 보이는 것도 예배입니다. 하나님 앞에 나와서 몸을 보이는 것입니다. 요즘처럼 모이기가 힘드는 때도 없는 것 같습니다. 저녁 예배는 습관 적으로 빠지고 심지어 주일 예배도 빠지는 사람들이 늘어가고 있습니다. 이는 말세의 징조라고 성경은 말하고 있습니다. 히브리서 10장 24~25절에 보면 "서로 돌아보아 사랑과 선행을 격려하며 모이기를 폐하는 어떤 사람들의 습관과 같이 하지 말고 오직 권하여 그 날이 가까움을 볼수록 더욱 그리하자"라고 하였습니다.

헌신이란 무엇입니까? 몸을 드리는 것이 헌신입니다. 예배에 헌신해야 합니다. 하나님께 예배하기 위하여 몸을 드리는 것입니다. 예배 시간에 빠지지 않고 참석하는 것이 헌신의 시작입니다. 모이기를 폐하지 마십시오. 모이는 것이 예배의 시작입니다. 모이는 곳에 주님께서 함께 하시겠다고 했습니다. 마태복음 18장 20절에 "두 세 사람이 내 이름으로 모인 곳에는 나도 그들 중에 있느니라"고 했습니다. 오순절 다락방에 120 문도가 모여서 합심하여 기도했을 때 성령의 충만함이 있었습니다. 모여야 예배가 되고 모임이 교회가 됩니다. 모이기를 힘쓰고 예배 모임에 헌신하십시오.

한국 교회가 다시 모임의 불이 붙어야 합니다. 모이기를 폐하고 모임을 게을리 할 때 성령이 소멸되고 은혜가 소멸됩니다. 모임을 하나님께 보이십시오. 예배의 복을 누리는 성도가 되시기 바랍니다. "늘 울어도 눈물로서 못 갚을 줄 알아 몸밖에 드릴 것 없어 이 몸 바칩니다"라는 찬송가의 가사처럼 먼저 몸을 드려 헌신하여 영적 예배를 드리는 성도가 되시기를 주님의 이름으로 축원합니다.

둘째로 영적 예배는 마음을 드리는 것입니다.

"너희는 이 세대를 본 받지 말고 마음을 새롭게 하라"고 했습니다. 영적 예배는 무엇입니까? 마음을 새롭게 하는 것이라고 했습니다. 이 세대를 본받지 않는 것이라고 했습니다. 세상과 정욕에서 마음을 돌이켜 하나님께로 향하는 것이 바로 예배입니다. 이 세대를 본받지 않는 것 세상의 풍속과 정욕을 따라 살지 않는 삶이 그리스도인의 삶입니다.

그리스도인은 새로워져야 합니다. 어떤 게 새로워지는 것입니까? 사도 바울은 빌립보서 3장 13~14절에 말하기를 "형제들아 나는 아직 내가 잡은 줄로 여기지 아니하고 오직 한 일 즉 뒤에 있는 것은 잊어버리고 앞에 있는 것을 잡으려고 푯대를 향하여 그리스도 예수 안에서 하나님이 위에서 부르신 부름의 상을 위하여 좇아가노라."고 했습니다. 뒤에 것은 잊어버렸다고 했습니다. 과거의 잘못되었던 것들을 잊어버렸다는 것입니다. 과거에 어떤 일이 있었든 지간에 다 그리스도 안에서 속죄 받은 것이며 하나님께서도 기억지 않으신다고 했으니 과거의 죄책감에 매여 있을 필요가 없는 것입니다. 과거의 삶이 어쨌든지 오늘 다시 시작하는 것입니다. 우리에게 과거가 중요한 것이 아니라 오늘이 중요한 것입니다.

과거의 공로도 잊어버려야 합니다. 우리가 주님을 위하여 충성하고 헌신했던 공로가 있다면 다 하나님께서 기억하시고 상급을 주실 것입니다. 우리는 다 잊어버려야 합니다. 뒤에 것은 잊어버리고 앞에 있는 푯대를 향하여 전진하는 삶이 새롭게 되는 삶입니다. 그래서 바울은 이 세대를 본받지 말고 마음을 새롭게 함으로 변화를 받으라고 한 것입니다. 삶의 목표를 하나님께 두고 하나님을 향하여 사는 삶입니다. 세상을 뒤로하고 하나님을 향한 삶입니다.

성도 여러분 과거에는 어떠했든지 오늘 새롭게 결심하십시다. 하나님을 목표로 하나님을 향하여 새롭게 나아갑시다. 하나님을 향하여 마음이 새로워지는 것이 바로 영적 예배입니다.

셋째로 삶을 드리는 것입니다.
하나님의 선하시고 온전하신 뜻이 무엇인지 분별하도록 하라. 삶을 드린다는 것은 무엇입니까? 하나님의 뜻에 맞는 삶을 사는 것입니다. 사람들은 자신에 맞추어 살고 있습니다. 자기의 기분과 감정, 자신의 욕심에 따라 삽니다. 우리도 구원받기 전에는 그러한 삶을 살았습니다. 에베소서 2장 3절에 보면 "전에는 우리도 다 그 가운데서 우리 육체의 욕심을 따라 지내며 육체와 마음의 원하는 것을 하여 다른 이들과 같이 본질상 진노의 자녀이었더니"라고 했습니다. 육체의 욕심을 따라 육체와 마음이 원하는 것을 하는 사람. 바로 자기의 뜻대로 사는 사람입니다. 하나님의 뜻을 따라 사는 삶은 어떤 삶입니까? 자기의 뜻을 포기하고 하나님의 뜻에 자신을 맞추어 사는 삶입니다. 하나님을 나에게 맞추는 것이 아니라 나를 하나님께 맞추는 삶입니다.

겟세마네 동산에서 주님은 피 땀을 흘리시면서 기도하시기를 "아버지여 만일 아버지의 뜻이어든 이 잔을 내게서 옮기시옵소서. 그러나 내 원대로 마옵시고 아버지의 원대로 되기를 원하나이다."라고 하셨습니다. 내 원대로 마옵시고 아버지의 원대로 하기를 원한다는 주님의 기도처럼 하나님의 뜻에 나를 맞추는 것이 삶을 드리는 것입니다. 하나님의 뜻에 맞는 삶을 위해서는 하나님의 뜻을 분별해야 합니다. 어떤 것이 하나님께서 기뻐하는 일인 가를 분별하는 일입니다.

예를 들어서 술이나 담배를 피우는 일도 그렇습니다. 술이나 담배를 피우는 일이 죄가 되느냐 안 되느냐 하는 문제를 따지기 전에 과연 그것이 하나님께서 기뻐하시는 일인가를 먼저 생각해 봐야 하는 것입니다. 하나님께서 기뻐하시는 것이냐 아니냐 하는 것이 우리의 판단 기준입니다. 하나님께서 기뻐하시는 것을 찾아서 행하는 것이 하나님의 뜻에 따라 사는 삶입니다. 구원받은 성도의 삶은 율법과 죄에 따라서 분별되는 것이 아니고 하나님의 기뻐하시는 뜻에 따라서 분별됩니다.

하나님의 선하시고 기뻐하시고 온전하신 뜻이 무엇인지 분별하여 하나님의 뜻에 맞는 삶을 사는 것이 영적 예배이며 성도의 바른 삶입니다. 지금까지는 육체의 욕심을 따라 마음에 원하는 대로 살아왔으나 이제부터는 하나님의 뜻을 분별하여 하나님의 뜻에 따라서 살겠다고 결심하고 하나님께 삶을 드려 영적 예배를 드리는 성도가 되시기를 주님의 이름으로 축원합니다.

충성된 일꾼의 특징

사람이 마땅히 우리를 그리스도의 일꾼이요 하나님의 비밀을 맡은
자로 여길지어다 그리고 맡은 자들에게 구할 것은 충성이니라 너희
에게나 다른 사람에게나 판단받는 것이 내게는 매우 작은 일이라
나도 나를 판단치 아니하노니 내가 자책할 아무것도 깨닫지 못하나
그러나 이를 인하여 의롭다 함을 얻지 못하노라 다만 나를 판단하
실 이는 주시니라

그러므로 때가 이르기 전 곧 주께서 오시기까지 아무것도 판단치 말
라 그가 어두움에 감추인 것들을 드러내고 마음의 뜻을 나타내시리
니 그 때에 각 사람에게 하나님께로부터 칭찬이 있으리라 형제들아
내가 너희를 위하여 이 일에 나와 아볼로를 가지고 본을 보였으니
이는 너희로 하여금 기록한 말씀 밖에 넘어가지 말라 한 것을 우리
에게서 배워 서로 대적하여 교만한 마음을 먹지 말게 하려 함이라
(고린도전서 4:1~6)

거듭난 성도는 하나님 나라를 위하여 부름받은 그리스도의 일꾼
입니다. 성경에 보면 그리스도의 일꾼에도 두 가지의 일꾼이 있다고
하였습니다. 착하고 충성된 일꾼도 있고 악하고 게으른 일꾼도 있습
니다. 여러분들은 어떤 일꾼입니까? 행복한 일꾼은 자신이 스스로
충성된 일꾼이라는 확신이 있는 일꾼입니다. 바울은 오늘 본문에서

자신은 충성된 일꾼이라고 스스로 밝히고 있습니다. 본문을 통하여 우리는 어떤 점이 충성된 일꾼이라는 것인지 알 수가 있습니다. 그래서 오늘은 '충성된 일꾼의 특징'이라는 제목으로 말씀 드리겠습니다. 충성된 일꾼의 특징은 무엇입니까?

첫째로 확실한 사명감입니다.

바울은 본문에서 자신이 그리스도의 일꾼이며 하나님의 비밀을 맡은 자라고 하였습니다. 즉 자신이 그리스도의 일꾼이라는 확신이 있다는 말입니다. 그리스도의 일꾼이란 그리스도에 의하여 일꾼이 되었다는 말입니다. 바울은 자주 자신은 주님에 의하여 일꾼이 되었고 말합니다. 디모데전서 1장 1절에서 바울은 "우리 구주 하나님과 우리 소망이신 그리스도 예수의 명령을 따라 그리스도 예수의 사도 된 바울"이라고 했습니다. 그리고 그리스도를 위한 일꾼이라는 말입니다. 그리스도를 위하여 일하는 일꾼이 되었다는 것입니다.

로마서 1장 1절에서도 바울은 "예수 그리스도의 종 바울은 사도로 부르심을 받아 하나님의 복음을 위하여 택정함을 입었으니"라고 하였습니다. 바울은 이렇게 자신이 그리스도의 일꾼이라는 확신이 분명하였습니다. 뿐만 아니라 하나님의 비밀을 맡은 자라고 하였습니다. 하나님의 비밀은 복음을 말합니다. 영혼을 구원하는 복음을 맡은 자로서 사명을 가진 것을 분명히 알았습니다. 그래서 사도행전 20장 24절에 "나의 달려갈 길과 주 예수께 받은 사명 곧 하나님의 은혜의 복음 증거하는 일을 마치려 함에는 나의 생명을 조금도 귀한 것으로 여기지 아니하노라"고 하였습니다.

바울은 자신의 사명이 무엇인지 확실히 알았고 사명감이 충만하였습니다. 충성된 일꾼의 특징은 충만한 사명감입니다. 사명감이 없는 사람이 어떻게 충성할 수 있겠습니까? 확실한 사명감에서 충성이 있을 수 있는 것입니다.

둘째로 오직 하나님께만 인정받으려고 하는 것입니다.

많은 주의 일꾼들이 실패하는 이유 중 하나는 사람들의 판단에 흔들리기 때문입니다. 사람들의 칭찬에 의기양양하고 또 사람들이 비판하면 실망하는 사람들은 주님의 일꾼으로서 충성된 종이 될 수 없습니다. 충성된 일꾼은 사람들의 판단을 두려워 하지 않습니다. 그래서 본문에서 바울은 '너희에게나 다른 사람에게 판단 받는 것이 네게는 매우 작은 일이라'고 했습니다. 사람들의 판단을 중요하게 생각하지 않는다는 것입니다. 사람들의 판단이 언제나 옳은 것은 아니기 때문입니다. 그리고 그리스도의 일꾼으로서 사람들의 판단에 의하여 일하는 사람이 아니기 때문입니다.

뿐만 아니라 바울은 자기 자신의 판단도 옳은 것으로 여기지 않았습니다. 그래서 바울은 말하기를 "나도 나를 판단치 아니하노니 내가 자책 할 아무것도 깨닫지 못하나 그러나 이를 인하여 의롭다 함을 얻지 못하노라"고 하였습니다. 계속해서 바울은 말하기를 "다만 나를 판단하실 이는 주시니라"고 하였습니다. 바울은 다른 사람의 판단이나 자기 자신의 판단을 기준으로 하지 않고 오직 하나님의 판단을 기준으로 하였습니다. 충성된 일꾼은 다른 사람의 판단이나 칭찬에 연연하지 않고 하나님의 판단과 칭찬을 위하여 일하는 것입니다. 바울은 오직 하나님의 인정과 칭찬을 받기위해서 일하는 일꾼이라고 하였습니다.

"그가 어두움에 감추인 것들을 드러내고 마음의 뜻을 나타내시리니 그때에 각 사람에게 하나님께로부터 칭찬이 있으리라" 충성된 그리스도의 일꾼은 사람에게 인정받으려고 하지 않고 오직 하나님께 인정받으려고 하는 일꾼입니다. 하나님 중심의 일꾼은 하나님께 그의 목표가 있습니다. 사람을 기쁘게 하려는 것이 아니라 하나님을 기쁘시게 하려는 일꾼인 것입니다. 하나님의 칭찬을 목표로 하는 것이 충성된 일꾼의 특징인 것입니다.

셋째로 겸손함입니다.

그리스도의 일꾼들이 피해야 할 가장 위험한 것은 교만입니다. 좀 중요한 직분을 맡게 되면 교만해지기 쉽습니다. 남보다 조금 능률을 올려도 교만해지기 쉽습니다. 어떤 일에 성공했을 때 교만해 지기 쉽습니다. 그러나 충성된 일꾼은 언제나 겸손합니다. 언제나 하나님의 은혜를 알고 겸손하게 일하는 사람이 충성된 일꾼입니다. 교만한 사람은 말씀의 한계를 넘어간다고 하였습니다. 일꾼이 교만해져서 주인의 말씀의 한계에 벗어나게 되면 버림받게 됩니다.

사무엘상 13장에 보면 사울왕이 처음에는 겸손하여 하나님의 택하심을 입고 이스라엘의 왕으로 세움을 받았지만 왕이 된 후에 교만해 져서 제사장만이 드릴 수 있는 제사를 자신이 직접 드림으로 말씀의 한계를 벗어나게 되자 사울은 버림을 받고 말았던 것입니다. 충성된 일꾼은 언제나 겸손합니다. 사울이 왕이 되기 전에는 겸손했지만 왕이 된 후에는 교만한 사람이 되고 말았습니다. 충성된 사람이라면 성공했을 때든지 실패했을 때든지 겸손한 사람입니다. 올라갔을 때든지 내려갔을 때든지 언제나 겸손한 사람입니다. 충성된 일꾼의 특징은 언제나 겸손함입니다.

겸손함이란 무엇입니까? 말씀을 잘 받고 순종하는 것을 말합니다. 교만한 사람은 말씀을 잘 받지 아니합니다. 말씀을 넘어가는 것입니다. 그러나 겸손한 사람은 말씀을 겸손히 잘 받고 그 말씀에 순종하는 삶을 사는 것입니다. 이러한 일꾼을 충성된 일꾼이라고 하는 것입니다.

저는 오늘 충성된 일꾼의 특징에 대하여 말씀 드렸습니다. 충성된 그리스도의 일꾼은 확실한 사명감이 있는 사람입니다. 사람의 판단을 두려워 하지 않고 하나님의 판단을 중히 여기며 하나님의 칭찬을 목표로 일하는 일꾼입니다. 그리고 항상 겸손함을 잃지 않고 말씀을 받으며 순종하는 일꾼입니다. 이러한 특징을 가진 충성된 일꾼이 되십시오. 그래서 우리 주님께서 오실 때에 잘하였도다 착하고 충성된 종이라는 칭찬을 받고 영원한 상급을 받으시는 그리스도의 일꾼 되시기를 주님의 이름으로 축원합니다.

성령충만을 받으려면

베드로가 이 말 할 때에 성령이 말씀 듣는 모든 사람에게 내려오시
니 베드로와 함께 온 할례받은 신자들이 이방인들에게도 성령 부어
주심을 인하여 놀라니 이는 방언을 말하며 하나님 높임을 들음이러
라 이에 베드로가 가로되 이 사람들이 우리와 같이 성령을 받았으
니 누가 능히 물로 세례 줌을 금하리요 하고 명하여 예수 그리스도
의 이름으로 세례를 주라 하니라 저희가 베드로에게 수일 더 유하
기를 청하니라

(사도행전 10:44~48)

주님께서 승천하시기 전 제자들에게 약속하신 성령을 오순절의 다
락방에 부어 주셨습니다. 오순절의 성령강림은 유대인 신자들에게
예루살렘에서 있었던 사건이었고 이방인에게 최초로 성령이 임하신
사건은 오늘의 본문에 고넬료의 집의 일이었습니다. 고넬료의 집에
임하셨던 성령충만의 역사를 통하여 성령충만의 원리를 묵상해 보겠
습니다.

첫째로 성령충만은 사모하는 사람에게 임합니다.
고넬료는 사모하는 사람이었습니다. 그는 이방인이었지만 하나
님을 사모하고 은혜를 사모하여 열심히 기도하고 구제의 삶을 살았
으며 하나님 앞에 경건한 사람이었습니다. 본문은 그를 소개하기를

"그가 경건하여 온 집으로 더불어 하나님을 경외하며 백성을 많이 구제하고 하나님께 항상 기도하더니 하루는 제 구 시쯤 되어 환상 중에 밝히 보매 하나님의 사자가 들어와 가로되 고넬료야 하니 고넬료가 주목하여 보고 두려워 가로되 주여 무슨 일이니이까 천사가 가로되 네 기도와 구제가 하나님 앞에 상달하여 기억하신 바가 되었으니"라고 하였습니다.

고넬료의 사모함은 베드로를 맞는 태도에서도 나타납니다. 본문 24~26절에 보면 "이튿날 가이사랴에 들어가니 고넬료가 일가와 가까운 친구들을 모아 기다리더니 마침 베드로가 들어올 때에 고넬료가 맞아 발 앞에 엎드리어 절하니 베드로가 일으켜 가로되 일어서라 나도 사람이라 하고"하였습니다. 고넬료는 하나님의 말씀을 사모하여 자기 가족들 뿐 아니라 가까운 친구들 까지도 다 모아놓고 베드로를 기다린 것입니다. 베드로가 오자 그는 베드로 앞에 엎드리어 절을 하게 됩니다. 고넬료는 당시에 세도가 당당한 로마의 백부장이었습니다. 그러한 사람이 베드로에게 엎드렸다는 것은 그가 얼마나 말씀을 사모하고 겸손했는지를 보여주는 것입니다.

성령충만은 사모하는 사람에게 주십니다. 하나님은 마른땅에 비를 주시고 갈한 자에게 생수를 주시는 분이십니다. 하나님을 사모하고 갈급한 심령을 가질 때 성령의 충만함을 주십니다. 은혜를 사모하고, 말씀듣기를 사모하며, 성령충만을 사모하는 자에게 하나님은 부어주시는 것입니다. 성도 여러분 성령충만을 사모하여 성령충만의 은혜를 누리시기를 주님의 이름으로 축원합니다.

둘째, 성령충만은 말씀을 받을 때 임하게 됩니다.

고넬료의 집 사람들은 말씀을 받을 때 성령이 강림하셨습니다. 본문 10장 44절~46절에 보면 "베드로가 이 말 할 때에 성령이 말씀 듣는 모든 사람에게 내려오시니 베드로와 함께 온 할례받은 신자들이 이방인들에게도 성령 부어 주심을 인하여 놀라니 이는 방언을 말하며 하나님 높임을 들음이러라"고 했습니다. 이 사람들이 말씀을 들을 때 성령께서 강림하셨습니다. 성령께서 강림하셔서 그들에게 구원의 확신을 가지게 할 뿐 아니라 성령의 은사도 체험케 하셨습니다. 성령의 역사는 말씀을 깨닫게 하고 믿어지게 하는 것입니다.

데살로니가 전서 1장 5절에 "이는 우리 복음이 말로만 너희에게 이른 것이 아니라 오직 능력과 성령과 큰 확신으로 된 것이니 우리가 너희 가운데서 너희를 위하여 어떠한 사람이 된 것은 너희 아는 바와 같으니라"고 하였습니다. 말씀을 받을 때에 성령께서 역사하심으로 능력과 큰 확신을 주신다는 것입니다. 성령충만을 받기 원하면 말씀을 받아야 합니다. 말씀을 받을 때 성령께서 내려오시는 것입니다. 성령은 말씀과 함께 역사하십니다.

말씀이 없는 성령 운동이나 은사 운동은 대단히 위험한 것입니다. 가장 정상적인 성령의 운동은 말씀의 사역입니다. 말씀을 전할 때 성령께서 역사하시고 말씀을 들을 때 성령의 역사하심이 나타납니다. 말씀을 받으십시오. 하나님의 말씀을 나의 것으로 받을 때에 하나님의 역사가 나타나는 것입니다. 데살로니가전서 2장 13절에 "이러므로 우리가 하나님께 쉬지 않고 감사함은 너희가 우리에게 들은 바 하나님의 말씀을 받을 때에 사람의 말로 아니하고 하나님의 말씀으로 받음이니 진실로 그러하다 이 말씀이 또한 너희 믿는 자 속에서 역사하느니라"고 했습니다. 성도 여러분 하나님의 말씀을 잘 받아 성령의 충만함을 체험하고 풍성한 은혜를 누리시기를 축원합니다.

셋째, 값을 치렀다는 것을 믿는 것입니다.

구속이란 값을 치렀다는 뜻입니다. 값을 주고 샀다는 말입니다. 예수님의 피값을 주고 우리를 사셨다는 것이 구속입니다. 베드로전서 1장18~19절에 "너희가 알거니와 너희 조상의 유전한 망령된 행실에서 구속된 것은 은이나 금같이 없어질 것으로 한 것이 아니요 오직 흠 없고 점 없는 어린 양 같은 그리스도의 보배로운 피로 한 것이니라"고 했습니다. 예수님의 보배로운 피로 우리를 사심으로 우리가 구속함을 받은 것입니다. 우리는 주님의 것입니다. 주님께서 피값으로 우리를 사셨기 때문입니다.

고린도전서 6장 9절에 보면 "값으로 산 것이 되었으니 그런즉 너희 몸으로 하나님께 영광을 돌리라"고 했습니다. 나를 구원하시기 위하여 엄청난 값이 지불되었습니다. 우주를 주고도 바꿀 수 없는 하나님의 아들의 피를 값으로 주신 것입니다. 구원받은 사람은 보통 사람들이 아닙니다. 엄청난 값이 치러진 보배로운 존재들인 것입니다. 구속함을 받은 성도 여러분 여러분들이 예수 그리스도를 믿고 구속함을 받았다면 자존감을 가지십시오. 하나님의 보배로운 존재들처럼 사시기를 바랍니다. 나를 위하여 보혈의 값이 치러졌다는 확신과 믿음으로 가지는 것이 구속함을 받은 것입니다.

넷째, 해방 받은 것을 믿어야 합니다.

구속이란 해방 받았다는 뜻입니다. 요한계시록 1장 5절에 보면 "우리를 사랑하사 그의 피로 우리 죄에서 우리를 해방하"셨다고 기록되어 있습니다. 예수 그리스도의 피로 죄사함 받고 해방을 받은 것입니다. 구속이라는 말은 원래 노예가 해방될 때 사용하는 말입니다. 우리는 원래 죄의 노예였습니다. 그러나 예수 그리스도의 구속으로 해방을 받았습니다. 어디에서 해방을 받았습니까? 먼저 죄에서 해방을 받았습니다. 죄악의 사슬에서 완전히 해방되어 빛의 자녀가 된 것입니다.

그리고 죄에서만 해방 받은 것이 아니고 죄의 형벌인 지옥의 형벌에서도 해방을 받았습니다. 지옥의 공포는 사라지고 영원한 행복을 누리는 천국의 소망을 가지게 된 것입니다. 성도가 구속을 받았다는 것은 율법의 저주에서 해방되었다는 뜻입니다. 갈라디아서 3장 13절에 보면 "그리스도께서 우리를 위하여 저주를 받은 바 되사 율법의 저주에서 우리를 속량하셨으니 기록된 바 나무에 달린 자마다 저주 아래 있는 자라 하였음이라"라고 하였습니다.

로마서 8장 1~2절에 "그러므로 이제 그리스도 예수 안에 있는 자에게는 결코 정죄함이 없나니 이는 그리스도 예수 안에 있는 생명의 성령의 법이 죄와 사망의 법에서 너를 해방하였음이라"라고 했습니다. 예수 그리스도 안에서 죄와 사망의 법에서 해방 받은 사람이 곧 구속받은 사람인 것입니다. 복음성가 가사에 "너 자유 얻었네 나 자유 얻었네 우리 자유 얻었네 주 말씀 하시길 죄사슬 끊겼네 우리 자유 얻었네." 자유와 해방을 얻는 것이 구속을 받은 것입니다.

구속은 내 대신 십자가에 죽으심으로 죄 값을 갚아주신 예수 그리스도를 믿고 영접하는 것이 곧 구속을 받은 것입니다. 성도 여러분 예수 그리스도의 구속을 믿고 다 천국의 대로에 행하는 특권을 누리시기를 주님의 이름으로 축원합니다.

V. 풍랑을 이기는 믿음

절망을 이기는 믿음

> 어떤 병든 자가 있으니 이는 마리아와 그 형제 마르다의 촌 베다니
> 에 사는 나사로라 이 마리아는 향유를 주께 붓고 머리털로 주의 발
> 을 씻기던 자요 병든 나사로는 그의 오라비러라 이에 그 누이들이
> 예수께 사람을 보내어 가로되 주여 보시옵소서 사랑하시는 자가 병
> 들었나이다 하니 예수께서 들으시고 가라사대 이 병은 죽을 병이
> 아니라 하나님의 영광을 위함이요 하나님의 아들로 이를 인하여 영
> 광을 얻게 하려 함이라 하시더라
>
> (요한복음 11:1~4)

　인생의 최대의 절망은 죽음입니다. 죽음보다 더 큰 절망은 없습니다. 그런데 죽음의 절망을 하나님의 영광으로 바꾼 사람들이 있습니다. 바로 본문의 나사로의 가정입니다. 죽음의 절망을 맞은 나사로의 가정에 주님은 믿음을 요구 하셨고 그 믿음을 통하여 절망은 하나님의 영광으로 바꿔지는 역사가 나타났습니다. 절망을 하나님의 영광으로 바꾸는 믿음은 어떤 믿음입니까? 그래서 오늘은 절망을 이기는 믿음이라는 제목으로 그 믿음의 원리들을 묵상해 보고자 합니다.

첫째로 사랑하시는 자도 병들 수 있다는 믿음입니다.

　나사로는 주님의 사랑하시는 자였습니다. 나사로가 병들었을 때 사람들은 "사랑하시는 자가 병들었나이다"라고 하였습니다. 주님은

나사로와 그 가정을 사랑하셨습니다. 나사로의 누이 동생 마리아는 예수님의 발에 향유를 붓던 자였습니다. 나사로의 가정은 주님을 사랑하는 가정이었고 주님도 나사로와 그 가정을 사랑하셨습니다. 그러한 가정도 병이 들었습니다. 주님께서 사랑하시는 자도 병이 들었습니다. 우리는 여기에서 주님을 사랑하고 주님이 사랑하시는 자도 병들 수 있다는 원리를 배울 수 있습니다.

믿음으로 바로 살고 하나님의 사랑받는 사람도 때때로 시련과 고난을 당 할 수가 있는 것입니다. 즉 의인도 고난을 당 할 수가 있다는 것입니다. 우리가 당하는 모든 어려움이 다 징계와 재앙은 아닙니다. 더 큰 은혜를 주시기 위하여 더 큰 복을 주시기 위하여 사랑하시는 자에게 시련을 주실 수가 있는 것입니다. 혹 시련을 당하고 있습니까? 사랑하시는 자도 병들 수 있습니다. 그러나 거기에는 하나님의 뜻이 있고 섭리가 있습니다. 오히려 우리가 보기에 화 인 것 같아도 복이 되며 우리 보기에 해가 되는 것 같이 보여도 선이 되기도 합니다. 절대로 절망하지 마시고 사랑하시는 자도 병들 수 있다는 믿음으로 절망을 이기시기 바랍니다. 반드시 하나님의 뜻이 있을 것입니다.

둘째로 하나님의 영광을 위한 병이라는 믿음입니다.

주님께서는 "이 병은 죽을 병이 아니라 하나님의 영광을 위함이요 하나님의 아들로 이를 인하여 영광을 얻게 하려 함이라 하시더라"고 하셨습니다. 나사로의 병은 죽을 병이 아니라 하나님의 영광을 위한 병이었다는 것입니다. 주님은 사랑하시는 자에게 죽을 병을 주시지 않으십니다. 하나님의 영광을 위하여 허락하신 병입니다. 즉 이 병은 재앙이 아니라 '영광 병'인 것입니다. 나사로에게 이 병이 없었더라면 어떻게 하나님의 큰 영광을 드러낼 수 있었겠습니까? 이 병은 재앙으로 주신 것이 아니라 복이었던 것입니다.

주님을 사랑하시는 성도 여러분들에게 혹 시련이 있습니까? 어려움이 있습니까? 이 병은 죽을 병이 아니라 하나님의 영광을 위한 병이라는 믿음을 가지십시오. 하나님께서는 사랑하시는 사람들에게 재앙을 내리시지 않으십니다. 다만 그의 영광을 위하여 우리에게 시련을 주실 수가 있는 것입니다. 그래서 이 병을 죽을 병이 아니라 영광 병이라고 하는 것입니다. 때때로 절망 할 수밖에 없는 상황을 만날 때 이렇게 말하십시오. '이 병은 죽을 병이 아니라 하나님의 영광을 위한 병이다.' 이러한 믿음이 절망을 희망으로 하나님의 영광으로 바꾸는 믿음입니다.

주님께서는 우리에게 믿음을 요구 하십니다. 절망 중에서도 믿음을 가지면 하나님의 영광을 봅니다. 주님께서 친히 말씀하시기를 "네가 믿으면 하나님의 영광을 보리라 하지 아니하였느냐"고하셨습니다. 여러분의 절망을 시련을 하나님의 영광을 나타내는 도구로 만드십시오. 믿음이 있으면 가능합니다. 영광 병은 믿음으로 만드는 것입니다.

셋째로 지체하는 것도 복이 되는 것을 믿어야 합니다.
주님은 나사로가 병들었다 함을 들으시고 이틀을 더 유하셨다고 5~6절 말씀에 기록되었습니다. 왜 이틀이나 더 지체하셨을까요? 본문은 나사로를 사랑하셨기 때문에 지체하셨다고 되어있습니다. 본문 요한복음 11장 4~5절에 보면 "예수께서 본래 마르다와 그 동생과 나사로를 사랑하시더니 나사로가 병들었다 함을 들으시고 그 계시던 곳에 이틀을 더 유하시고"라고 되어 있습니다.

나사로를 사랑하셨기 때문에 지체하셨습니다. 만일 주님께서 지체하지 않으시고 나사로가 죽기 전에 가셔서 나사로를 고쳐 주셨다면 나사로는 죽음에서 살아나는 영광을 체험하지 못하였을 것이며 어쩌면 우리도 나사로를 알지 못하였을 것입니다. 그래서 15절에 주님께서는 나사로의 죽음에 대하여 말씀하시기를 "내가 거기 있지 아니한 것을 너희를 위하여 기뻐하노니 이는 너희로 믿게 하려 함이라"고 하셨습니다.

주님은 나사로를 사랑하셔서 더 큰 은혜를 주시려고 더 큰 영광을 주시려고 지체하셨던 것입니다. 혹 여러분들의 삶에 주님께서 지체하시는 것을 체험하십니까? 기뻐하십시오. 하나님께서 사랑하시기 때문에 더 큰 은혜로 채우시기 위하여 더 큰 복으로 채워주시기 위하여 지체하시는 것을 믿으십시오. 절망하지 말고 감사하시기 바랍니다. 이것이 절망을 이기는 믿음인 것입니다.

넷째로, 불가능한 것을 믿는 믿음입니다.
인간의 생각으로 불가능 한 것을 믿을 때 영광을 보게 됩니다. 주님께서 무덤의 돌을 옮겨 놓으라고 명령 하셨을 때 마르다는 말하기를 "죽은지가 나흘이 되었으매 벌써 냄새가 나나이다"라고 하였습니다. 즉 이미 때가 늦었다는 말입니다. 죽은 지가 나흘이 되어 시체가 썩어 가는데 돌을 옮긴들 무슨 소용이 있겠느냐는 것입니다. 그러나 주님께서 40절에 말씀하시기를 "예수께서 가라사대 내 말이 네가 믿으면 하나님의 영광을 보리라 하지 아니하였느냐"라고 하셨습니다. 믿으면 하나님의 영광을 봅니다. 믿지 않는 자는 하나님의 영광을 이룰 수가 없습니다. 인간의 생각으로 불가능 하지만 하나님의 능력을 믿을 때 하나님의 영광을 보게 되는 것입니다.

사도 바울은 빌립보서 4장 13절에 말하기를 "내게 능력 주시는 자 안에서 내가 모든 것을 할 수 있느니라"고 하였고 주님께서도 믿는 자에게는 능치 못할 일이 없느니라고 하셨습니다. 믿음이 있을 때 화를 복으로, 해를 선으로 바꾸시는 역사가 일어나게 되는 것입니다. 우리가 믿음으로 절망을 극복하고 화를 복으로 해를 선으로 바꾸게 될 때 하나님께 영광을 돌리게 됩니다.

죽은 지 나흘이 되어 썩어서 냄새가 나는 무덤의 돌을 믿음으로 옮겼을 때 죽은 나사로가 살아서 걸어나오는 기적이 일어났습니다. 슬픔이 기쁨으로, 절망이 희망으로, 화가 복으로 변하는 역사가 일어났습니다. 그리고 하나님께 큰 영광이 되었습니다.

견디기 힘든 시련 가운데 있습니까? 헤어 나오기 힘든 절망 가운데 있습니까? 그렇다면 '네가 믿으면 영광을 보리라' 하시는 주님의 음성을 들으십시오! 그리고 절망의 돌을 굴려내십시오! 그러면 화를 복으로 해를 선으로 바꾸시는 하나님의 역사를 체험하고 하나님의 영광을 보게 될 것입니다. 오늘도 절망을 이기는 믿음으로 하나님의 영광을 드러내는 승리자가 되시기를 주님의 이름으로 축원합니다.

풍랑을 이기는 믿음

〰〰〰〰〰〰〰〰〰〰〰〰〰〰〰〰〰〰〰〰

내가 너희를 권하노니 이제는 안심하라 너희 중 생명에는 아무 손
상이 없겠고 오직 배 뿐이리라 나의 속한 바 곧 나의 섬기는 하나님
의 사자가 어제 밤에 내 곁에 서서 말하되 바울아 두려워 말라 네가
가이사 앞에 서야 하겠고 또 하나님께서 너와 함께 행선하는 자를
다 네게 주셨다 하였으니 그러므로 여러분이여 안심하라 나는 내게
말씀하신 그대로 되리라고 하나님을 믿노라

(사도행전 27:22~25)

오늘의 본문 말씀은 바울이 죄수가 되어 로마로 가는 호송선에서
유라굴로라는 무서운 광풍을 만난 사건입니다. 무서운 풍랑 속에서
살 가망이 다 끊어지고 공포와 두려움 속에 있는 때에 바울은 비록
죄수의 몸이지만 풍랑 속에서도 오히려 평안과 안식을 누리면서 다
른 사람을 위로하고 있는 모습을 보여주고 있습니다. 무엇이 바울을
그렇게도 강하게 하였습니까? 어떻게 풍랑 속에서도 평안할 수가 있
었을까요?

첫째로 말씀을 받았기 때문입니다.
바울이 무서운 풍랑 속에서도 그렇게 평안 할 수 있었던 것은 하나
님의 말씀을 받았기 때문입니다. "나의 속한 바 곧 나의 섬기는 하나
님의 사자가 어제 밤에 내 곁에 서서 말하되 바울아 두려워 말라 네

가 가이사 앞에 서야 하겠고 또 하나님께서 너와 함께 행선하는 자를 다 네게 주셨다 하였으니" 무서운 풍랑 속에서 하나님의 말씀을 받았기 때문에 그렇게 평안할 수가 있었던 것입니다.

기네스 북에 오른 한국의 양창선 씨는 수백 미터 지하의 탄광에 갇혀서 16일 만에 구조되었습니다. 어떻게 지하의 그 암흑 속에서 16일 동안이나 버틸 수가 있었을 까요 그의 말에 의하면 갱 속에 갇혔을 때 가장 큰 힘이 되었던 것은 외부와의 통신 때문이었다고 합니다. 암흑의 지하 갱도였지만 외부와의 통신을 통하여 힘을 얻고 버틸 수가 있었던 것입니다. 이와 같이 어려울 때일수록 하나님과의 통신이 끊어지면 안됩니다. 하늘로부터 오는 하나님의 메시지를 받아야 하는 것입니다. 오늘날 우리에게도 풍랑이 있습니다. 이러한 풍랑 속에서 우리가 승리할 수 있는 비결은 오직 하나님의 말씀을 받는 것입니다. 말씀을 받으십시오. 하늘로부터 오는 하나님의 음성을 들어야 하는 것입니다.

그리스도인에게는 말씀이 능력입니다. 말씀을 받아야 승리할 수 있습니다. 말씀을 받으십시오. 매 주일마다 강단에서 선포되는 말씀 속에 나에게 주시는 하나님의 말씀이 있는 것입니다. 그리고 말씀을 읽고 묵상할 때 하나님의 음성을 받으십시오. 말씀을 놓치지 마십시오. 아무리 무서운 풍랑 속에서라도 하나님의 말씀을 듣는 사람은 평안하고 힘이 솟아나게 되는 것입니다. 말씀의 능력으로 시련과 환란의 길을 승리의 길로 바꾸십시다.

둘째로 사명이 확실했기 때문입니다.

바울은 사명이 확실하였습니다. 바울은 비록 죄수의 몸으로 로마에 가고 있지만 로마에 가야 할 사명이 분명했습니다. 바울은 로마에 가야 할 목적과 이유가 분명했습니다. "나의 속한 바 곧 나의 섬기는 하나님의 사자가 어제 밤에 내 곁에 서서 말하되 바울아 두려워 말라 네가 가이사 앞에 서야 하겠고 또 하나님께서 너와 함께 행선하는 자를 다 네게 주셨다 하였으니." 바울은 로마에가서 가이사 앞에 서야 했고 복음을 전해야 했습니다. 그는 사명이 분명했기 때문에 죽을 수 없는 사람이었습니다. 바울은 자신이 왜 살아야 하는지, 왜 지금 로마로 가고 있는지 자신이 받은 사명이 무엇인지를 확실히 아는 사람이었습니다.

바울은 사명에 사는 사람이었습니다. 바울은 말하기를 "나의 달려갈 길과 주 예수께 받은 사명 곧 하나님의 은혜의 복음 증거하는 일을 마치려 함에는 나의 생명을 조금도 귀한 것으로 여기지 아니하노라"고 하였습니다. 하나님은 사명이 확실한 사람을 쓰십니다. 사명이 확실할 때 풍랑을 이길 수가 있습니다.

성도 여러분 어려운 풍랑을 이기기 위하여 먼저 사명을 확인해 보십시오. 왜 살아야 합니까? 왜 돈을 벌어야 합니까? 왜 형통해야 합니까? 왜 건강해야 합니까? 분명한 이유가 있어야 합니다. 분명한 사명이 있어야 합니다. '사명이 있는 사람은 죽지 않는다'라는 리빙스턴의 말처럼 우리는 사명을 이루기 위해서 살아야 하는 것입니다. 바울이 유라굴로의 풍랑 속에서도 확실한 사명감으로 승리했던 것처럼 인생의 위기와 풍랑을 사명으로 이기십시오. 사명이 분명해야만 승리 할 수 있습니다. 하나님의 사명을 새롭게하는 계기가 되시기를 바랍니다.

셋째로 전능하신 하나님을 의뢰했기 때문입니다.

바울은 소속이 분명한 사람이었습니다. 무서운 풍랑 속에서 바울은 사람들에게 당당하게 말하기를 "나의 속한 바 곧 나의 섬기는 하나님의 사자가 어제 밤에 내 곁에 서서 말하"였다고 했습니다. 자신은 하나님을 섬기는 하나님께 속한 사람이라고 분명하게 말하였던 것입니다. 하나님을 전폭적으로 의뢰하는 하나님께 속한 사람은 언제나 평안 합니다.

그리고 바울은 전능하신 하나님을 의뢰하는 사람이었습니다. 풍랑을 보지 않고 풍랑도 주관 하시는 하나님을 의뢰하였습니다. 바울은 말하기를 "그러므로 여러분이여 안심하라 나는 내게 말씀하신 그대로 되리라고 하나님을 믿노라"고 하였습니다. '나는 하나님의 말씀대로 될 것을 믿노라!' 하나님을 믿노라! 하나님을 확실히 의뢰하는 사람은 어떠한 풍랑도 이길 수 있습니다. 하나님을 의뢰하십시오. 하나님을 의뢰하는 길이 승리의 길입니다.

날이 가물어도 더 잎이 청청해지는 나무가 있습니다. 강밑에 뿌리를 내리고 있는 나무입니다. 이 나무는 뿌리를 강밑에 내리고 있기 때문에 날이 가물수록 더 푸르른 나무입니다. 하나님을 의뢰하는 사람이 이러한 사람입니다. "저는 시냇가에 심은 나무가 시절을 좇아 과실을 맺으며 그 잎사귀가 마르지 아니함 같으니 그 행사가 다 형통하리로다" 어려울 때 더 형통하고 기근 때에 더 풍성해지는 사람이 하나님의 사람입니다. 두려워 하지 마십시오. 하나님을 의뢰 하십시오. 하나님께서 함께 하시면 형통 할 것입니다.

시편 기자는 말하기를 "여호와께서 완전한 자의 날을 아시니 저희 기업은 영원하리로다 저희는 환난 때에 부끄럽지 아니하며 기근의 날에도 풍족하려니와."(시 37:18~19) 하나님의 사람은 기근의 날에도 풍족하다고 하였습니다.

왜 하나님의 사람이 환난이나 기근을 두려워 하지 않을까요? 시편 37:39~40절 말씀에 "의인의 구원은 여호와께 있으니 그는 환난 때에 저희 산성이시로다 여호와께서 저희를 도와 건지시되 악인에게서 건져 구원하심은 그를 의지한 연고로다"라고 하였습니다. 아무리 무서운 환란과 풍랑이 있을 지라도 하나님의 말씀을 받는 사람, 사명이 확실한 사람, 전능하신 하나님을 의뢰하는 사람은 두려워 하지 않습니다. 평안합니다. 하나님의 사람에게는 기근이 없기 때문입니다.

하나님 안에서 평안과 풍성함을 누리시기를 주님의 이름으로 축원합니다.

역경에도 기뻐하는 비결

비록 무화과나무가 무성치 못하며 포도나무에 열매가 없으며 감람
나무에 소출이 없으며 밭에 식물이 없으며 우리에 양이 없으며 외
양간에 소가 없을지라도 나는 여호와를 인하여 즐거워하며 나의 구
원의 하나님을 인하여 기뻐하리로다 주 여호와는 나의 힘이시라 나
의 발을 사슴과 같게 하사 나로 나의 높은 곳에 다니게 하시리로다
(하박국 3:17~19)

성도는 기쁨의 삶을 살아야 한다는 것은 성경의 교훈입니다. 사도
바울은 데살로니가전서 5장 16절에 항상 기뻐하라고 하였습니다. 야
고보는 야고보서 1장에 여러 가지 시험을 만나거든 온전히 기쁘게
여기라고 하였습니다. 기쁨의 삶은 하나님의 뜻이며 성도의 삶의 특
징입니다. 기쁜 일이 있을 때만 기뻐하는 것이 아니라 어려운 일을
당 할 때도 기뻐해야 한다는 것입니다.

오늘 본문은 환난 중에도 기뻐한 하박국의 삶을 보여주고 있습니
다. 무화과 농사가 망하고 포도나무, 감람나무 열매를 따지 못하며
밭농사도 망하고 양도 소도 다 죽고 없습니다. 하는 일마다 안되고
망했습니다. 그러나 하박국은 기뻐하였습니다. 이것이 성도의 모습
입니다. 이러한 성도에게 하나님은 복과 은혜를 주십니다. 시편 37
편 4절에 "또 여호와를 기뻐하라 저가 네 마음의 소원을 이루어 주시

리로다"라고 하였습니다. 기쁨의 삶은 소원 성취의 비결입니다. 어떻게 역경에도 기뻐할 수 있습니까? 하박국은 어떻게 역경에서 기뻐하였습니까?

첫째로 복을 복으로 알 때 기뻐할 수 있습니다.

복을 복인 줄 아는 것이 복입니다. 복을 받았으면서도 복인 줄을 알지 못하는 사람은 기뻐하는 삶을 살수가 없습니다. 하박국이 환난 중에도 기뻐 할 수 있었던 것은 그가 받은 구원의 복이 얼마나 큰 것임을 알았기 때문입니다. "나는 여호와를 인하여 즐거워하며 나의 구원의 하나님을 인하여 기뻐하리로다" 구원의 은혜는 우리가 받을 수 있는 가장 큰복입니다. 하나님께서 독생자를 보내셔서 피의 값을 치르시고 우리에게 주신 선물이 구원의 은총입니다. 이렇게 큰 선물을 받았기 때문에 우리는 마땅히 기뻐해야 하는 것입니다.

큰 선물을 받고도 그것이 복인 줄을 모르고 있다면 그 사람은 복을 받을 자격이 없습니다. 돼지에게 진주를 주어도 기뻐하지 않습니다. 복을 복인 줄 알 때 복이 되는 것입니다. 구원받은 사람에게 때때로 역경과 문제들이 있을 수 있습니다. 그러나 그것은 구원의 큰 선물에 비해서 너무 작은 것들입니다. 100억의 선물을 받은 사람에게 만원이 손해가 있다고 해서 별 문제가 되지 않듯이 구원의 선물을 받은 사람에게는 세상의 문제들은 아무 것도 아닙니다. 그래서 구원의 은총을 받은 성도는 어떤 경우에도 기뻐하고 즐거워 할 수 있는 것입니다.

하박국이 환난 중에도 구원의 하나님을 기뻐하고 즐거워 한 것은 구원의 은혜의 고귀한 것을 알았기 때문이었습니다. 하나님께서 우리에게 귀한 선물을 주셨지만 우리가 기뻐하고 감사하지 않으면 더 이상 주시지 않을 것입니다. 우리가 받은 구원의 은혜가 얼마나 큰 것인지를 알고 기뻐하고 감사해야 합니다. 때때로 우리에게 어려운 일들이 있다 해도 구원의 큰 선물을 인하여 항상 기뻐해야 하는 것입니다. 구원의 은혜를 기뻐하고 감사 할 때 계속 은혜를 주십니다. 성도는 환난 때에도 기뻐합니다. 구원의 은총을 감사하고 기뻐하는 것입니다. 사도 바울은 로마서 5장 3~4절에 "다만 이뿐 아니라 우리가 환난 중에도 즐거워하나니 이는 환난은 인내를, 인내는 연단을, 연단은 소망을 이루는 줄 앎이로다"라고 하였습니다. 구원받은 성도 여러분 환난 중에도 기뻐하는 성도가 되시기 바랍니다.

둘째, 받은 복을 세어 볼 때 기뻐할 수 있습니다.

사람들은 받은 은혜는 잊어버리고 받을 것만을 생각합니다. 이러한 사람은 아무리 많은 은혜를 받아도 감사하거나 기뻐 할 줄을 모릅니다. 받지 못한 것만을 생각하여 항상 불평을 하게 되는 것입니다. 그러나 성도는 다릅니다. 성도는 받은 복을 세어보는 사람입니다. 우리가 돌이켜 보면 많은 은혜들을 받았습니다. 그러나 우리는 때때로 그 은혜들을 잊어버리고 받지 못한 것들만을 생각하면서 불평을 하기도 합니다. 우리의 눈을 받은 복을 바라보아야 합니다.

"세상 모든 풍파 너를 흔들어 약한 마음 낙심하게 될 때에 내려주신 주의 복을 세어라 주의 크신 복을 네가 알리라 받은 복을 세어보아라 주의 크신 복을 네가 알리라"고 한 찬송가의 가사처럼 받은 복을 세어 볼 때 하나님께서 나에게 주신 복이 얼마나 큰 복이었는가를 알게 될 것입니다. 받은 복은 잊어버리고 받을 것만을 생각하고 불평을 한다면 그런 사람에게 하나님께서 주시지 않으실 것입니다. 이미 받은 복을 세어보고 감사하고 기뻐하는 사람에게 하나님은 더욱 큰복으로 채워주시는 것입니다.

우리가 받은 복은 어떤 복입니까? 무엇보다 예수님을 믿게 된 것이 가장 큰 복입니다. 주님의 구속의 은총을 받는 것은 아무라도 받는 것이 아닙니다. 복 받은 사람에게만 주어진 복입니다. "아 하나님의 은혜로 이 쓸데없는 자 왜 구속하여 주는지 난 알 수 없도다, 왜 내게 성령 주셔서 내 맘을 감동해 주예수 믿게 하는지 난 알 수 없도다"라고 하는 찬송가의 가사처럼 믿음을 주신 은혜는 이해할 수 없는 은혜입니다. 이러한 복들을 세어보고 기뻐하는 성도가 됩시다.

셋째, 믿음의 눈으로 볼 때 기뻐할 수 있습니다.

하박국은 무서운 환난 중에 있었지만 현재의 환경을 보지 않고 하나님께서 인도하시는 은혜를 바라보았습니다. 본문 18~19절에 하박국은 말하기를 "나는 여호와를 인하여 즐거워하며 나의 구원의 하나님을 인하여 기뻐하리로다 주 여호와는 나의 힘이시라 나의 발을 사슴과 같게 하사 나로 나의 높은 곳에 다니게 하시리로다" 라고 하였습니다. 하박국은 환난 중에서도 믿음의 눈으로 본 것입니다. 환난과 역경을 만날 때 우리는 믿음의 눈으로 보아야 합니다. 하나님은 해를 선으로 화를 복으로 바꾸시는 분이십니다.

구약의 요셉 이야기를 우리는 잘 알고 있습니다. 환난과 역경을 통하여 하나님의 뜻을 이루고 복을 받은 이야기입니다. 요셉은 꿈을 꾸고 믿음을 가졌습니다. 그러나 그 꿈이 이루어지기 위해서 형제들에게 미움을 받았고 노예로 팔려갔으며 억울하게 감옥에 갇히기도 하였습니다. 요셉이 당한 환난을 믿음의 눈으로 보면 다 하나님의 섭리가 이루어지는 과정이었다는 것을 알 수가 있습니다. 그러나 그 일을 당하는 요셉은 어떠했겠습니까?

원망과 불평 낙담과 좌절을 할 수 있는 상황이었습니다. 그러나 요셉은 믿음의 눈으로 하나님의 섭리를 바라보았습니다. 어려운 역경들이 다 하나님의 복을 받는 통로가 된다는 것을 보았기 때문에 그는 승리 할 수가 있었습니다. 성도는 믿음의 눈을 가진 사람입니다. 환난 중에서도 믿음의 눈으로 하나님의 은혜를 바라보고 기뻐하는 사람입니다. 성도가 당하는 환난과 시련은 다 복 받는 통로가 되는 것입니다. 믿음의 눈으로 바라보면 고난도 기쁨이 됩니다.

모든 문제를 믿음으로 바라보십시오. 로마서 8장 28절에 "우리가 알거니와 하나님을 사랑하는 자 곧 그 뜻대로 부르심을 입은 자들에게는 모든 것이 합력하여 선을 이루느니라"고 하신 말씀대로 해를 선으로 바꾸시는 하나님의 은혜를 믿고 기쁨으로 고난을 이기시는 성도가 되시기를 주님의 이름으로 축원합니다.

기근의 이유

\\\\\\\\\\\\\\\\\\\\\\\\\\\\

저가 대답하되 내가 만군의 하나님 여호와를 위하여 열심이 특심하
오니 이는 이스라엘 자손이 주의 언약을 버리고 주의 단을 헐며 칼
로 주의 선지자들을 죽였음이 오며 오직 나만 남았거늘 저희가 내
생명을 찾아 취하려 하나이다

(열왕기상 19:10)

하나님을 믿는 그리스도인들에게도 기근이 임할 때가 있습니다.
회사가 부도가 나고 직장을 잃고 방황하는 실직자가 될 수도 있으며
농사나 축산을 하는 농가에까지도 어려움을 겪는 경제적 기근을 맞
게 될 때가 있습니다. 왜 우리는 때때로 이러한 기근을 맞게 됩니까?

오늘 본문에는 하나님의 백성인 이스라엘이 무서운 기근을 당했던
이야기가 나옵니다. 하나님의 택한 백성이며 복을 받아야 할 이스라
엘 백성도 기근을 당할 때가 있었습니다. 3년 반 동안이나 우로가 내
리지 않은 아합 왕과 엘리야 시대입니다. 왜 이스라엘에게 기근이
있었을까요 오늘 엘리야의 고백을 통하여 기근의 이유를 알 수 있
습니다. 왜 하나님의 백성에게 기근이 오게 됩니까?

첫째로 말씀을 버리면 기근이 옵니다.
엘리야는 기근의 이유를 '이스라엘 자손이 주의 언약을 버렸기' 때

문이라고 하였습니다. 주의 언약은 하나님의 말씀입니다. 이스라엘은 하나님의 말씀을 버렸습니다. 하나님의 말씀을 버리고 우상을 섬기고 바알에게 제사를 드릴 때 이스라엘에게는 기근이 왔습니다. 복을 받아야 할 이스라엘에게 기근이 온 이유는 말씀을 버렸기 때문입니다. 말씀을 버렸다는 것은 말씀을 멸시하고 소홀히 여겼다는 것입니다. 이스라엘이 말씀을 받지 않을 때마다 기근과 재앙이 왔습니다.

하나님의 백성은 말씀으로 살게 되어 있습니다. 하나님은 이스라엘 백성들을 애급에서 가나안으로 인도하실 때 광야에서 40년을 지나게 하셨습니다. 왜 하나님께서 이스라엘 백성을 광야에서 고생하게 이유는 무엇입니까? 신명기 8장 2~3절에 이렇게 말씀하고 있습니다. "네 하나님 여호와께서 이 사십 년 동안에 너로 광야의 길을 걷게 하신 것을 기억하라 이는 너를 낮추시며 너를 시험하사 네 마음이 어떠한지 그 명령을 지키는지 아니 지키는지 알려 하심이라 너를 낮추시며 너로 주리게 하시며 또 너도 알지 못하며 네 열조도 알지 못하던 만나를 네게 먹이신 것은 사람이 떡으로만 사는 것이 아니요 여호와의 입에서 나오는 모든 말씀으로 사는 줄을 너로 알게 하려 하심이니라."

하나님의 백성은 떡으로만 사는 것이 아니고 하나님의 말씀으로 사는 사람들입니다. 하나님의 말씀으로 살아야 할 하나님의 백성이 하나님의 말씀을 멸시하면 기근이 올 수밖에 없는 것입니다.

성도 여러분! 하나님의 백성은 말씀으로 살아야 합니다. 왜 우리에게 기근과 재앙이 오는 것입니까? 말씀을 버렸기 때문입니다. 말씀을 사모하고 말씀을 귀히 여기며 말씀 듣는 일에 헌신해야 합니다. 기근을 이기는 비결은 말씀 충만입니다. 이사야 55:2~3절에 보면 "너희가 어찌하여 양식 아닌 것을 위하여 은을 달아 주며 배부르게 못할 것을 위하여 수고하느냐 나를 청종하라 그리하면 너희가 좋은 것을 먹을 것이며 너희 마음이 기름진 것으로 즐거움을 얻으리라 너희는 귀를 기울이고 내게 나아와 들으라 그리하면 너희 영혼이 살리라 내가 너희에게 영원한 언약을 세우리니 곧 다윗에게 허락한 확실한 은혜니라"고 하였습니다. 말씀을 듣는 것이 사는 길이며 말씀을 청종하는 것이 복 받는 비결입니다. 말씀을 버리면 기근이 옵니다. 혹 여러분들에게 기근이 왔다면 말씀을 버린 것이 아닌지, 말씀시간을 자주 빼먹고 말씀에 은혜를 소멸한 것은 아닌지 살펴보시기 바랍니다.

둘째, 예배를 무시하면 기근이 옵니다.

엘리야는 기근의 이유를 '이스라엘 백성이 주의 단을 헐'었기 때문이라고 했습니다. 이스라엘의 역사를 보면 단이 무너졌을 때마다 기근과 재앙이 왔습니다. 단은 하나님께 제사하는 것이며 하나님께서 복을 주시는 통로입니다. 그러나 이스라엘 백성들이 단을 헐고 우상을 섬기게 될 때 하나님은 이스라엘에 기근과 재앙을 보내신 것입니다. 왜 하나님의 백성에게 기근이 왔습니까? 단이 무너졌기 때문입니다. 기근을 이기려면 단을 회복해야 합니다. 엘리야가 갈멜산에서 한 일은 무엇입니까?

열왕기상 18장 30절에 보면 "엘리야가 모든 백성을 향하여 이르되 내게로 가까이 오라 백성이 다 저에게 가까이 오매 저가 무너진 여호와의 단을 수축하되"라고 하였습니다. 엘리야는 하나님의 응답을 받기 위하여 먼저 하나님께 무너진 단을 쌓았던 것입니다. 우리에게 있어서의 단은 예배입니다. 예배를 무시하고 예배가 무너지면 기근이 옵니다. 예배는 축복의 통로입니다. 구약의 믿음의 조상들은 단 쌓는 일이 그들의 본분이었습니다. 아브라함도 가는 곳마다 단을 쌓았고 이삭도 야곱도 단을 쌓는 것이 그들의 하는 일이었습니다.

하나님의 백성은 하나님께 예배하는 사람입니다. 예배를 포기하는 사람은 하나님의 백성이기를 포기하는 사람입니다. 하나님의 백성이 예배를 무시할 때 기근이 옵니다. 혹시 여러분에게 기근이 왔습니까? 여러분의 단, 예배는 어떻게 되었습니까? 단이 무너진 것은 아닌지 살펴보시기 바랍니다. 예배에 출석하는 것이 단을 쌓는 시작이라고 할 수 있습니다. 예배에 헌신하십시오. 예배 시간을 귀히 여기고 예배시간을 우선 순위로 드리십시오. 무너진 단을 쌓으십시오. 단이 무너질 때 기근이 오는 것입니다. 무너진 하나님의 단을 회복하고 기근을 이기시는 성도가 되시기를 바랍니다.

셋째, 주의 종들을 핍박하면 기근이 옵니다.
엘리야는 이스라엘의 기근의 이유를 말하기를 '이스라엘 백성이 칼로 주의 선지자들을 죽였기 때문이라고' 하였습니다. 아합 왕은 하나님의 선지자들을 핍박하고 죽였습니다. 그래서 이스라엘에 기근과 재앙이 임하게 되었습니다. 언제든지 주의 종들을 핍박하는 사람들에게 기근과 재앙이 오게 되어 있습니다. 이스라엘 백성들이 주의 종들을 핍박할 때마다 재앙을 당하더니 결국 예수 그리스도까지 십자가에 못 박았습니다.
공산국가들은 어떻습니까? 하나님의 종들을 박해하고 죽이더니 무서운 기근과 재난들을 겪고 있습니다. 어느 시대 누구를 막론하고 하나님의 종들을 박해하는 국가나 개인이나 다 하나님의 진노를 받아 기근과 재앙을 겪게 되는 것입니다. 이스라엘이 무서운 징계를 받은 이유를 역대하 36장 15~16절에는 "그 열조의 하나님 여호와께서 그 백성과 그 거하시는 곳을 아끼사 부지런히 그 사자들을 그 백성에게 보내어 이르셨으나 그 백성이 하나님의 사자를 비웃고 말씀을 멸시하며 그 선지자를 욕하여 여호와의 진노로 그 백성에게 미쳐서 만회할 수 없게 하였"기 때문이라고 하였습니다.

기근의 이유는 주의 종들을 핍박했기 때문이라고 하였습니다. 하나님의 말씀을 전하는 하나님의 종들을 귀히 여기고 잘 섬기는 것이 기근을 이기는 비결인 것입니다.

성도 여러분 기근의 때에 우리의 신앙을 바로 세워서 기근을 이기고 오히려 화를 복으로 바꾸는 성도 여러분들이 다되시기를 주님의 이름으로 축원합니다.

왜 시험에 들었나

베드로가 바깥뜰에 앉았더니 한 비자가 나아와 가로되 너도 갈릴리 사람 예수와 함께 있었도다 하거늘 베드로가 모든 사람 앞에서 부인 하여 가로되 나는 네 말하는 것이 무엇인지 알지 못하겠노라 하며 앞문까지 나아가니 다른 비자가 저를 보고 거기 있는 사람들에게 말 하되 이 사람은 나사렛 예수와 함께 있었도다 하매 베드로가 맹세하 고 또 부인하여 가로되 내가 그 사람을 알지 못하노라 하더라

조금 후에 곁에 섰던 사람들이 나아와 베드로에게 이르되 너도 진 실로 그 당이라 네 말소리가 너를 표명한다 하거늘 저가 저주하며 맹세하여 가로되 내가 그 사람을 알지 못하노라 하니 닭이 곧 울더 라 이에 베드로가 예수의 말씀에 닭 울기 전에 네가 세 번 나를 부 인하리라 하심이 생각나서 밖에 나가서 심히 통곡하니라

(마태복음 26:69~75)

죽을지언정 주님을 버리지 않겠다고 호언하던 베드로가 세 번씩이 나 주님을 부인한 베드로를 보면서 우리 자신의 연약성에 대하여 생 각해봅니다. 베드로는 주님을 진정으로 사랑하던 사람이었고 가장 열 정적으로 주님을 따르던 수 제자였는데 왜 그가 시험에 들어 세 번씩 이나 주님을 부인하게 되었을까요? 왜 시험에 들게 되었을 까요?

첫째로 깨어 기도하지 않았기 때문입니다.

겟세마네 동산에서 주님은 피땀을 흘리시면서 기도하셨습니다. 무서운 십자가의 고난을 이기시기 위하여 기도하시는 것입니다. 주님께서도 겟세마네의 기도를 통하여 능력을 받으셨기에 무서운 시험을 이기신 것입니다. 그 때 주님은 제자들에게 '시험에 들지 않게 깨어 기도하라' 고 당부하셨습니다. 베드로가 만일 겟세마네에서 주님의 말씀처럼 깨어 기도했더라면 시험에 들어 주님을 세 번씩이나 부인하는 일은 없었을 것이라고 생각됩니다. 언제든지 일을 만나기 전에 먼저 기도로 준비해야 합니다.

우리는 발등에 불이 떨어진 후에야 기도하는 경우가 많습니다. 기도는 시험을 만나기 전에 일이 있기 전에 하는 것입니다. 미리 기도로 준비 할 때 승리 할 수 가있습니다. 야곱도 얍복강을 건너기 전, 형에서를 만나기 전에 기도로 승리했을 때 형을 만나서 문제를 쉽게 해결 할 수가 있었던 것입니다. 시험에 들지 않게 미리 기도합시다. 문제를 만나기 전에 환난이 오기 전에 기도해야 합니다. 자녀가 자라기 전에 자녀의 장래를 위해 기도하고 결혼 때가 오기 전에 결혼을 위해 기도해야 합니다.

시험에 들지 않게 깨어 기도합시다. 기도로 무장하는 사람이 승리하게 됩니다. 겟세마네에서 주님께서 제자들에게 시험에 들지 않게 깨어 기도하라고 하신 말씀을 묵상하고 기도하는 성도가 됩시다. 지금 우리는 국가적인 어려움을 겪고 있습니다. 지금이야말로 기도로 무장해야 할 때라고 생각됩니다. 환도 뼈가 부러질 때까지 매어 달리는 얍복강의 기도, 피 땀을 흘리시며 기도하신 겟세마네의 기도가 있어야 하겠습니다. 기도로 무장하는 성도가 승리합니다. 기도로 무장하여 승리하시는 성도가 되시기를 주님의 이름으로 축원합니다.

둘째로 잘못된 교제 때문이었습니다.

베드로는 멀리서 주님을 따라갔습니다. 새벽녘에 모닥불 앞에 사람들에 모여서 심문을 받고 있는 주님에 대하여 대화를 하고 있는 자리였습니다. 그 자리는 예수님에 대하여 비방하고 비판하는 자리였습니다. 그 자리는 불신과 비방, 원망으로 교제하는 자리였습니다. 그 자리는 잘못된 교제의 자리였던 것입니다. 그 자리에 베드로가 참여하게 된 것입니다. 베드로가 만일 그 모닥불 앞에 가지 않았더라면, 베드로가 그 교제의 자리에 참여하지 않았다면 베드로가 시험에 들지 않았을 것이라고 생각됩니다.

시험의 때, 고난의 때에는 교제가 중요합니다. 좋은 교제는 신앙의 힘을 얻게 하고 믿음을 성장시킵니다. 그러나 잘못된 교제는 시험에 빠지게 하고 믿음을 약화시키는 결과를 가져오게 되는 것입니다. 어려운 때는 좋은 교제를 가지십시오. 복된 교제를 사모하십시오. 잘못된 교제는 피하십시오. 사탄은 잘못된 교제를 통하여 사람을 넘어뜨립니다. 술 마시는 사람들과 교제하면 술을 먹게되고 노름을 좋아하는 사람들과 교제하면 노름에 빠지게 됩니다. 선한 교제를 사모해야 합니다. 믿음 있는 사람과 교제하면 믿음이 성장하게 됩니다. 하나님을 사랑하고 복음의 열정이 있는 사람들과 교제해야 합니다. 잘못된 교제가 시험에 들게 합니다.

시련의 때에는 선한 교제들이 필요합니다. 성도들이 함께 모이는 기도모임, 하나님의 말씀을 묵상하는 경건회 모임 등 선한 교제들이 있어야 할 것이며 특히 성도의 교제인 예배모임에 더 열심히 모이는 일에 헌신해야 하겠습니다. 히브리서 10장 24~5절에 "서로 돌아보아 사랑과 선행을 격려하며 모이기를 폐하는 어떤 사람들의 습관과 같이 하지 말고 오직 권하여 그 날이 가까움을 볼수록 더욱 그리하자"고 했습니다. 어려운 일이 있을수록 더욱 잘 모이고 좋은 교제들을 통하여 승리하는 성도가 됩시다.

셋째로 말씀에 서지 못했기 때문에 시험에 들었습니다.

베드로는 말씀에 서지 못했기 때문에 시험에 들게 되었습니다. 베드로나 제자들은 예수님의 십자가의 고난에 대하여 바른 인식을 하지 못하고 있었습니다. 이들은 예수께서 유대인의 왕으로 로마 군병을 물리치고 유대를 해방시켜주실 것으로 알고 있었습니다. 그러나 주님은 그의 십자가의 고난이 다가오자 제자들에게 자신의 수난과 죽음, 그리고 부활에 대하여 말씀하셨습니다. 그러나 베드로는 주님의 구속의 역사를 이해하지 못하고 간하였습니다. "베드로가 예수를 붙들고 간하여 가로되 주여 그리 마옵소서 이 일이 결코 주에게 미치지 아니하리이다." 주님은 베드로를 보시며 말씀하시기를 "예수께서 돌이키시며 베드로에게 이르시되 사탄아 내 뒤로 물러가라 너는 나를 넘어지게 하는 자로다 네가 하나님의 일을 생각지 아니하고 도리어 사람의 일을 생각하는도다"라고 하셨습니다.

베드로는 주님의 고난과 십자가의 의미를 알지 못했던 것입니다. 베드로가 만일 십자가의 구속을 바로 알았더라면 주님을 부인하는 실수를 했을까요? 말씀에 서지 못했기에 그는 시험에 들게 되었던 것입니다. 예수님의 장례를 맡았던 니고데모를 생각해 봅시다. 그는 주님을 전적으로 따르지 못했으나 어느날 밤 주님을 만나 주님의 말씀을 듣고 주님께서 십자가의 고난을 통하여 인류의 죄를 구속하실 것이라는 확신을 가지게 되었습니다. 말씀에 확실히 섰던 니고데모는 주님께서 십자가에 달리실 때 다 도망가고 없었지만 담대하게 아리마대 요셉과 함께 주님의 시신을 요청하여 주님의 장례를 맡았던 것입니다.

성도 여러분, 시험에서 이기는 비결은 무엇입니까? 말씀에 확실히 서는 것입니다. 말씀에 서지 못한 사람은 쉽게 흔들릴 수가 있습니다. 여러 가지 시험을 만날 때 우리는 말씀으로 무장해야 합니다. 말씀에 서있는 사람은 흔들리지 않습니다. 말씀에 서있는 사람이 승리하는 것입니다.

성도 여러분 말씀으로 무장하여 말씀에 확실히 서서 계속 승리하시는 성도가 되시기를 주님의 이름으로 축원합니다.

벧엘로 돌아가자

우리가 일어나 벧엘로 올라가자 나의 환난 날에 내게 응답하시며
나의 가는 길에서 나와 함께 하신 하나님께 내가 거기서 단을 쌓으
려 하노라 하매 (창세기 35:3)

야곱은 아버지를 속이고 형 에서의 장자의 축복을 받아 도망가는
중에 벧엘에서 돌베게를 베고 자다가 하나님을 만나게 됩니다. 벧엘
에서 야곱은 하나님의 약속과 복을 받아 14년 동안 외삼촌의 집에서
살게 됩니다. 14년 만에 야곱은 다시 돌아오게 되는데 얍복강에서
처절한 기도 끝에 문제를 해결받고 평화를 누리게 됩니다. 그러나
얼마 후 더 어려운 환난을 맞게 됩니다. 창세기 34장에 보면 야곱의
딸 디나가 히위족속의 추장 아들인 세겜에게 강간을 당하게 됩니다.
야곱의 아들들은 꾀를 써서 그들에게 할례를 받게 하고 복수를 감행
합니다. 그 일로 인하여 가나안 족속들의 공격을 받아 멸망 할 위기
에 처한 것입니다.

그동안에는 에서 한사람의 문제였지만 이번에는 가나안의 부족들
의 공격을 받게 된 것입니다. 야곱에게 문제가 생긴 것입니다. 환난
이 온 것입니다. 야곱에게 닥쳐왔던 환란과 시련은 우리에게도 찾
아옵니다. 우리는 국가적인 어려움을 겪기도 하고 개인적으로도 여
러 가지 환란을 당 할 때가 있습니다. 이런 때에 우리는 어떻게 문제

를 해결하고 환란을 이길 수 있을 까요? 하나님은 야곱에게 문제 해결의 비결을 말씀 하셨습니다. 그것은 '벧엘로 올라가라!'입니다. 본문 1절에 "하나님이 야곱에게 이르시되 일어나 벧엘로 올라가서 거기 거하며 네가 네 형 에서의 낯을 피하여 도망하던 때에 네게 나타났던 하나님께 거기서 단을 쌓으라 하신지라"고 하셨습니다. 문제 해결의 비결은 벧엘로 올라가는 것입니다. 왜 벧엘로 올라가야 합니까?

첫째로 하나님과 가까워 지기 위해서입니다.

야곱은 창세기 28장에서 하나님을 만나 약속을 받고 14년 동안 외삼촌의 집에 살다가 얍복강의 기도를 통하여 모든 문제가 해결되었습니다. 그러나 얼마 후 야곱은 다시 어려운 문제를 만나게 된 것입니다. 왜 어려운 문제를 만나게 되었을 까요? 야곱과 그의 가족들이 하나님과 멀어졌기 때문입니다. 야곱이 하나님과 멀어지고 나태해 졌다는 것은 4절에 잘 나타나고 있습니다. 야곱의 가족들이 벌써 이방 신상을 가지고 있었고 이방인 들 처럼 귀고리를 하였다는 것은 하나님과의 관계가 잘못되고 있었다는 것을 보여주는 것입니다. 그래서 하나님은 다시 벧엘로 돌아가라고 하신 것입니다.

야곱의 일행은 모든 어려운 문제가 다 해결되고 평안과 복을 누리자 하나님과 멀어지고 이방의 풍속이 그들에게 들어오게 된 것입니다. 지금 우리의 삶은 어떻습니까? 우리의 삶에 세상의 풍속과 습관들이 스며들었다면 그것은 하나님과 멀어지고 있다는 증거입니다. 벧엘은 하나님을 만나는 곳이며 하나님의 집이라는 뜻입니다. 문제 해결의 비결은 벧엘로 올라가는 것입니다. 전폭적으로 하나님께 돌아가는 것만이 방법입니다.

어떻게 하나님께 돌아가야 합니까? 본문 2절에 "야곱이 이에 자기 집 사람과 자기와 함께한 모든 자에게 이르되 너희 중의 이방 신상을 버리고 자신을 정결케 하고 의복을 바꾸라"고 하였습니다. 하나님께 가까이 하는 것을 두 가지로 표현 하였습니다. 버리라, 바꾸라입니다. 하나님께 가는 것 벧엘로 올라가는 것은 먼저 버릴 것을 버리는 일입니다. 무엇을 버려야 합니까? 이방 신상을 버리라고 하였습니다. 우리에게 이방신상은 무엇입니까? 구원받기 전에 행하던 구습을 말합니다. 우리의 삶에 아직도 하나님과 멀어지게 하는 세속적인 것들이 있다면 과감히 버립시다. 버릴 것을 버리지 못하고 있을 때 하나님의 진노가 임하는 것입니다. 버릴 것은 버리고 하나님께 벧엘로 올라갑시다.

하나님께 가까이 나아가는 것은 구습을 버릴 뿐 아니라 바꾸라고 했습니다. 하나님께 가까이 가려면 새롭게 되어야 합니다. 하나님께 가까이 가는 새로운 길을 찾아야 합니다. 기도 생활을 등한이 했다면 기도생활을 회복해야 합니다. 말씀과 멀어졌다면 말씀 생활을 회복해야 합니다. 하나님과의 관계를 새롭게 회복 하는 것이 벧엘로 올라가는 것입니다.

둘째로 왜 벧엘로 올라가야 합니까? 단을 쌓기 위해서입니다.

하나님께서 야곱에게 벧엘로 올라가라고 하신 것은 단을 쌓으라는 명령입니다. 그래서 본문 1절에 "하나님이 야곱에게 이르시되 일어나 벧엘로 올라가서 거기 거하며 네가 네 형 에서의 낯을 피하여 도망하던 때에 네게 나타났던 하나님께 거기서 단을 쌓으라 하신지라." 환난을 당한 야곱이 벧엘로 가야했던 것은 단을 쌓아야 했기 때문입니다. 단을 쌓으라! 문제 해결의 비결은 단을 쌓는 것입니다. 왜 성도들에게 문제가 생겼습니까? 하나님을 향한 단이 무너졌기 때문입니다.

이스라엘 백성들에게 징계와 저주가 내렸던 때는 언제나 단이 무너졌을 때입니다. 성도에게 어려움이 있을 때 먼저 단이 무너지지 않았는지 살펴보십시오. 저녁예배의 단이 무너지지 않았는지? 가정제단이 무너지지는 않았는지 살펴보십시오. 무너진 단을 쌓읍시다. 단을 쌓는 일이 벧엘로 가는 길입니다. 무너진 단을 회복 할 때 문제가 해결됩니다. 예배를 회복하십시오. 기도를 회복하십시오. 하나님께 헌신하는 단을 회복하십시오. 벧엘로 올라가야 합니다. 야곱이 벧엘에서 단을 쌓았습니다.

본문 14~15절에 "야곱이 하나님의 자기와 말씀하시던 곳에 기둥 곧 돌 기둥을 세우고 그 위에 전제물을 붓고 또 그 위에 기름을 붓고 하나님이 자기와 말씀하시던 곳의 이름을 벧엘이라 불렀더라"고 했습니다. 성도 여러분 우리가 벧엘로 올라가서 단을 쌓읍시다. 단을 쌓는 일만이 살길입니다. 단을 회복하여 영광 돌리는 성도가 되시기를 바랍니다.

셋째로 왜 벧엘로 가야 합니까? 말씀을 받기 위해서입니다.
창세기 28장에서 야곱은 벧엘에서 약속의 말씀을 받습니다. 야곱은 벧엘에서 말씀을 받은 후 14년만에 다시 돌아오는 길이었습니다.

야곱이 환난을 만나자 하나님은 야곱에게 다시 벧엘로 가라고 하셨습니다. 야곱은 다시 벧엘로 가서 약속의 말씀을 다시 받아야 했습니다. 문제가 생겼을 때 해결책은 말씀을 받는 것입니다. 하나님의 말씀을 받아야 문제가 해결되는 것입니다. 야곱은 벧엘로 다시 올라가 다시 복을 받고 약속의 말씀을 받았습니다. 그는 힘을 얻었을 것입니다. 우리도 말씀을 받아야 합니다. 말씀을 받는 것이 살길입니다.

시편107편19~20절에 "이에 저희가 그 근심 중에서 여호와께 부르짖으매 그 고통에서 구원하시되 저가 그 말씀을 보내어 저희를 고치사 위경에서 건지시는 도다"라고 하였습니다. 하나님께서 위경에 빠진 자를 건지실 때 말씀을 보내시는 것입니다. 말씀을 받아야 합니다. 환난에서, 역경에서 건짐 받는 비결은 말씀을 받는 것입니다. 말씀 안에 해결책이 있습니다. 강단에서 목사님을 통하여 선포되는 말씀을 잘 받으십시오. 그 말씀 속에 능력이 있고 복이 있고 약속이 있습니다.

야곱이 벧엘에서 다시 하나님을 만나고 단을 쌓으며 약속을 받았을 때 어떤 역사가 있었습니까? 본문 5절에 "그들이 발행하였으나 하나님이 그 사면 고을들로 크게 두려워하게 하신 고로 야곱의 아들들을 추격하는 자가 없었더라"고 하였습니다. 하나님께서 적들의 마음에 두려운 마음을 주시므로 감히 아무도 야곱을 추격하지 못했던 것입니다. 우리도 벧엘로 올라갑시다. 하나님을 만나고 하나님께 단을 쌓으며 하나님의 말씀을 받읍시다. 하나님께서 함께하시고 크게 역사하사 모든 문제를 해결해 주실 것입니다. 벧엘로 올라가 승리하시는 성도님 되시기를 축원 합니다.

여호와의 말씀을 들을지어다

엘리사가 가로되 여호와의 말씀을 들을지어다 여호와께서 가라사
대 내일 이맘 때에 사마리아 성문에서 고운 가루 한 스아에 한 세겔
을 하고 보리 두 스아에 한 세겔을 하리라 하셨느니라

(열왕기하 7:1)

이스라엘 백성에게 기근과 환난이 왔습니다. 하나님의 백성들이
기근을 벗어나기 위하여 무엇이 있어야 합니까? 본문에서 엘리사는
'여호와의 말씀을 들을 찌어다'라고 하였습니다. 본문 열왕기하 6장
과 7장은 극한 기근과 환난을 이스라엘 백성들을 어떻게 해결하였는
가를 소개하고 있습니다. 이스라엘 백성들은 무서운 기근을 하나님
의 말씀으로 해결하였습니다. 그래서 어떻게 말씀으로 해결하였는가
를 묵상 해보겠습니다. 오늘의 말씀의 제목은 '여호와의 말씀을 들을
지어다'입니다.

첫째는 어떤 때에 말씀을 받아야 합니까?

이스라엘 백성들은 심한 기근을 당했습니다. 6장 24~25절에 보
면 "이 후에 아람 왕 벤하닷이 그 온 군대를 모아 올라와서 사마리아
를 에워싸니 아람 사람이 사마리아를 에워싸므로 성중이 크게 주려
서 나귀 머리 하나에 은 팔십 세겔이요 합분태 사분 일 갑에 은 다섯
세겔이라"고 하였습니다. 아람 군대에 포위된 사마리아 성안에는 양

식이 없어 심한 기근이 왔습니다. 부정한 음식이라고 먹지 않는 나귀머리도 비싼 값에 팔리고 합분태 즉 비들기 똥까지도 비싼 값에 팔리는 정도라고 하였습니다. 그리고 심지어 아이까지 삶아 먹는 정도까지였습니다.

본문 6장 28~29절에 보면 "또 가로되 무슨 일이냐 여인이 대답하되 이 여인이 내게 이르기를 네 아들을 내라 우리가 오늘날 먹고 내일은 내 아들을 먹자 하매 우리가 드디어 내 아들을 삶아 먹었더니 이튿날에 내가 이르되 네 아들을 내라 우리가 먹으리라 하나 저가 그 아들을 숨겼나이다."라고 되어 있습니다. 이러한 상황에서 이스라엘의 왕은 선지자 엘리사를 죽이라는 명령을 내렸습니다.

왕의 명을 받고 엘리사를 죽이려고 찾아왔던 사자들에게 하나님의 선지자 엘리사는 '여호와의 말씀을 들을지어다' 라고 하였던 것입니다. 언제 여호와의 말씀을 들어야 합니까? 극한 환난 때입니다. 무서운 기근 때입니다. 하나님께서는 어려운 문제를 해결 받기 위하여 말씀을 들어야 합니다. 기근 중에 있는 이스라엘 백성들에게 먼저 필요했던 것은 양식이 아니고 돈이 아니라 하나님의 말씀을 듣는 일이었습니다. 성도 여러분 혹시 기근 중에 있습니까? 아니면 환난 중에 있습니까? 그러면 하나님의 말씀을 받으십시오. 어려운 문제가 있습니까? 하나님의 말씀을 받으십시오. 말씀을 받는 것이 해결책입니다.

시편 107편 19~20절에 "이에 저희가 그 근심 중에서 여호와께 부르짖으매 그 고통에서 구원하시되 저가 그 말씀을 보내어 저희를 고치사 위경에서 건지시는 도다"라고 하였습니다. 하나님께서 사람을 위경에서 건지실 때 말씀을 보내사 건지시는 것입니다. 언제 말씀을 받아야 합니까? 기근 중에 있을 때, 어려운 일을 만났을 때 환난 중일 때 기억하십시오. '여호와의 말씀을 들을지어다' 하나님께서 말씀으로 건지시는 것입니다. 말씀을 받으십시오. 말씀에 해결책이 있습니다.

둘째, 말씀을 어떻게 받아야 합니까?

하나님께서 이스라엘 백성을 건지시기 위하여 엘리사를 통하여 말씀을 보내셨습니다. "여호와의 말씀을 들을지어다 여호와께서 가라사대 내일 이 맘 때에 사마리아 성문에서 고운 가루 한 스아에 한 세겔을 하고 보리 두 스아에 한 세겔을 하리라 하셨느니라" 곡식이 없어서 비둘기 똥을 먹고 자식을 삶아 먹는 상황인데 24시간 후면 고운 가루, 보리 가루가 불과 한 세겔이면 한 말씩 살 수 있다는 것입니다.

본문 7장 2절에 보면 "그 때에 한 장관 곧 왕이 그 손에 의지하는 자가 하나님의 사람에게 대답하여 가로되 여호와께서 하늘에 창을 내신들 어찌 이런 일이 있으리요"라고 하였습니다. 그 장관은 하나님의 말씀을 불신의 태도로 받은 것입니다. 이때 "엘리사가 가로되 네가 네 눈으로 보리라 그러나 그것을 먹지는 못하리라 하니라"고 하였습니다. 이 장관은 어떻게 되었습니까? 하나님의 말씀대로 기근을 당한 이스라엘에 곡식이 넘치던 날 그 장관은 사람들의 발에 밟혀서 죽게 됩니다. 그 내용이 본문 7장 16~17절에 잘나와 있습니다. "백성들이 나가서 아람 사람의 진을 노략한지라 이에 고운 가루 한 스아에 한 세겔이 되고 보리 두 스아에 한 세겔이 되니 여호와의 말씀과 같이 되었고 왕이 그 손에 의지하였던 그 장관을 세워 성문을 지키게 하였더니 백성이 성문에서 저를 밟으매 하나님의 사람의 말대로 죽었으니 곧 왕이 내려왔을 때에 그의 한 말 대로라."

하나님의 말씀을 멸시한 사람의 결과가 어떻게 되는가를 보여 주는 것입니다. 하나님의 종들을 통하여 하나님께서는 말씀을 주십니다. 우리가 그 말씀을 받을 때 어떻게 받아야 합니까? 데살로니가전서 2장 13절에 보면 "이러므로 우리가 하나님께 쉬지 않고 감사함은 너희가 우리에게 들은 바 하나님의 말씀을 받을 때에 사람의 말로 아니하고 하나님의 말씀으로 받음이니 진실로 그러하다 이 말씀이 또한 너희 믿는 자 속에서 역사 하느니라"고 하였습니다. 말씀을 들을 때 하나님의 말씀으로 받아야 합니다. 그리고 믿음으로 받아야 합니다. 말씀을 믿음으로 받을 때 역사가 나타나고 기적이 나타나게 되는 것입니다. 말씀을 잘 받아 승리하는 성도가 되시기를 바랍니다.

셋째, 하나님의 말씀은 어떻게 역사 합니까?

엘리사를 통하여 말씀을 주셨던 하나님께서 또 말씀을 이루셨습니다. 24시간 후에 하나님의 말씀이 이루어져야 하는데 하나님은 이 말씀을 이루시기 위하여 사람을 찾으셨습니다. 말씀을 이루실 때는 사람을 통하여 이루시는 것입니다. 그러나 그 말씀을 이룰 수 있는 믿음을 가진 사람이 성안에 없었습니다. 왕으로부터 장관들, 제사장들, 모든 백성들은 부정적인 생각에 가득 차서 그 말씀을 이룰 만한 믿음을 가진 자가 없었던 것입니다. 그래서 하나님께서는 성밖에 문 곁에 있는 천하고 연약한 문둥이 네 사람을 택하셨습니다. 이 네 사람의 문둥이들은 기왕에 죽을 것이라면 마지막으로 아람 진에 가보기로 결심한 사람들이었습니다.

본문 7장 3~4절에 "성문 어귀에 문둥이 네 사람이 있더니 서로 말하되 우리가 어찌하여 여기 앉아서 죽기를 기다리랴 우리가 성에 들어가자고 할지라도 성중은 주리니 우리가 거기서 죽을 것이요 여기 앉아 있어도 죽을지라 그런즉 우리가 가서 아람 군대에게 항복하자 저희가 우리를 살려 두면 살려니와 우리를 죽이면 죽을 따름이라"고 하였습니다. 하나님께서는 연약한 사람들의 작은 믿음을 통하여 큰 역사를 이루셨습니다. 이 네 문둥이들이 아람 진을 향하여 갈 때 하나님께서는 이들의 발자국 소리와 말소리를 큰 군대의 함성과 병거 소리가 되게 하셔서 아람 군대를 물리치셨던 것입니다.

그래서 7장 6~7절에 "이는 주께서 아람 군대로 병거 소리와 말 소리와 큰 군대의 소리를 듣게 하셨으므로 아람 사람이 서로 말하기를 이스라엘 왕이 우리를 치려 하여 헷 사람의 왕들과 애굽 왕들에게 값을 주고 저희로 우리에게 오게 하였다 하고 황혼에 일어나서 도망하되 그 장막과 말과 나귀를 버리고 진을 그대로 두고 목숨을 위하여 도망하였음이라." 그래서 하나님의 말씀대로 고운 가루 한 스아에 한 세겔을 하고 보리 가루 두 스아에 한 세겔을 하는 역사가 이루어졌던 것입니다. 하나님은 사람을 찾고 계십니다. 큰 일을 이루시기 위하여 믿음 있는 사람을 찾고 계십니다. 지금은 기근의 때입니다. 말씀을 받으십시오. 그리고 믿음으로 말씀을 이루십시오. '여호와의 말씀을 들을지어다' 믿음으로 승리하시기 바랍니다.

VI. 복음의 목적

복음의 목적

일어나 네 발로 서라 내가 네게 나타난 것은 곧 네가 나를 본 일과 장차 내가 네게 나타날 일에 너로 사환과 증인을 삼으려 함이니 이스라엘과 이방인들에게서 내가 너를 구원하여 저희에게 보내어 그 눈을 뜨게 하여 어두움에서 빛으로, 사탄의 권세에서 하나님께로 돌아가게 하고 죄 사함과 나를 믿어 거룩케 된 무리 가운데서 기업을 얻게 하리라 하더이다

(사도행전 26:16〜18)

성도 여러분 왜 나에게 복음을 주셔서 구원받게 하시고 하나님의 자녀를 삼으셨습니까? 바울을 아그립바 왕에게 자신이 예수님을 만났던 간증을 하면서 주님께서 왜 바울에게 복음을 주셨는지에 대하여 말하고 있습니다. 왜 바울에게 복음을 주셨습니까? 왜 우리에게 복음을 주셨습니까? 복음의 목적은 무엇입니까?

첫째로 사환과 증인을 삼으시려고 복음을 주셨다고 했습니다.

"일어나 네 발로 서라 내가 네게 나타난 것은 곧 네가 나를 본 일과 장차 내가 네게 나타날 일에 너로 사환과 증인을 삼으려 함이니" 주님께서 바울에게 나타나셔서 바울을 부르신 것은 바울을 택하여 사환과 증인을 삼으시려고 부르셨다고 하였습니다. 사환은 수종드는 사람, 종, 일꾼을 말합니다. 바울을 하나님께서 부르신 것은 하나님의

일에 수종드는 하나님의 일꾼으로 쓰시기 위하여 부르신 것입니다.

　예수 그리스도의 은혜로 구원받은 성도 여러분 하나님께서 여러분들을 부르시고 구원의 은총을 주신 것은 하나님의 수종자로 일꾼으로 쓰시기 위하여 부르셨다는 것을 알아야 합니다. 우리가 주님을 위하여 일하는 것은 주님께서 우리를 구원하시기 위하여 자신을 내어 주신 그의 사랑과 은혜에 감사, 감격하여 하는 것입니다. 주님은 또 바울을 부르신 것은 사환으로 뿐아니라 증인으로 부르셨다고 하셨습니다. 증인은 자신이 보고, 들은 것을 증거 하는 사람이 증인입니다. 바울은 자신이 만난 예수 그리스도를 아그립바 왕에게 증거하고 있습니다. 증인은 체험한 것을 증거 하는 사람입니다. 구원받은 성도는 주님을 만난 체험을 사람들에게 증거 해야 합니다.

　성도 여러분 여러분들이 주님을 만났다면 그리고 구원을 받았다면 구원받은 체험을 그 은혜를 사람들에게 증거 해야 합니다. 구원의 은혜와 하나님께서 주시는 참 평안과 행복 하늘의 기쁨과 받은 복들을 우리는 증거 해야 합니다. 우리는 체험한 것을 증거 하는 증인이기 때문입니다. 주의 증인된 성도 여러분 주님을 증거 하십시오. 때를 얻든지 못 얻든지 항상 주의 이름을 증거 하는 주님의 일꾼들이 되어야 하겠습니다.

둘째로 사람들의 눈을 뜨게 하기위하여 부르셨다고 했습니다.
　"이스라엘과 이방인들에게서 내가 너를 구원하여 저희에게 보내어 그 눈을 뜨게 하여 어두움에서 빛으로, 사탄의 권세에서 하나님께로 돌아가게 하고 죄 사함과 나를 믿어 거룩케 된 무리 가운데서 기업을 얻게 하리라 하더이다." 주님께서 우리를 부르시고 하나님의 복음을 전하는 일꾼으로 세우신 것은 어두움 가운데 있는 사람들의 눈을 뜨게 하기 위해서라고 하셨습니다. 복음은 어두움에 있는 사람들의 눈을 뜨게 하는 능력이 있습니다. 복음을 통하여 흑암의 권세에서 빛으로 돌아오게 합니다.

골로새서 1:13~14에 "그가 우리를 흑암의 권세에서 건져 내사 그의 사랑의 아들의 나라로 옮기셨으니 그 아들 안에서 우리가 구속 곧 죄 사함을 얻었도다."라고 하였습니다. 사탄의 권세는 흑암의 권세입니다. 사망이며 절망입니다. 그리고 저주와 재앙입니다. 그러나 그리스도의 권세는 빛의 권세입니다. 영생의 권세입니다. 생명과 소망이며, 복과 은총입니다. 요한복음 10장 10절에 "도적이 오는 것은 도적질하고 죽이고 멸망시키려는 것뿐이요 내가 온 것은 양으로 생명을 얻게 하고 더 풍성히 얻게 하려는 것이라." 양으로 생명을 얻게 하고 더 풍성히 얻게 하는 풍성한 삶을 주시기 위하여 주님은 우리를 택하셨습니다. 이러한 주님을 어두움의 권세아래 있는 사람들에게 복음을 전하여 눈을 뜨게 해주고 하나님의 나라를 보게 해주는 것입니다.

복음을 전하십시오. 복음전하여 흑 암의 권세 아래서 갈 바를 알지 못하고 방황하는 많은 사람들에게 눈을 열어주고 빛과 소망이신 예수 그리스도를 알게 해 주어야 합니다. 이런 일을 하게 하기 위하여 바울을 부르셨고 여러분과 저를 부르셨습니다. 하나님께서 주신 위대한 사명입니다. 바울은 이러한 사명을 위하여 목숨도 아끼지 않았다고 하였습니다. 사도행전 20장 24절에 "나의 달려갈 길과 주 예수께 받은 사명 곧 하나님의 은혜의 복음 증거 하는 일을 마치려 함에는 나의 생명을 조금도 귀한 것으로 여기지 아니하노라" 바울은 은혜의 복음을 위하여 생명을 귀히 여기지 않는 사람이었습니다. 바울처럼 어두움에 사는 사람들을 구원하기 위해 사명을 다하는 성도가 됩시다.

셋째로 사람들에게 기업을 얻게 하기 위하여 부르셨다고 했습니다.

복음은 죄 사함을 받게 하는 것입니다. 예수 그리스도의 구속을 믿음으로 죄 사함을 받게 하는 것이 바로 복음입니다. 누구든지 복음을 듣고 예수를 믿으면 죄 사함을 받게 됩니다. 예수 믿고 죄 사함 받은 사람들을 성도라고 합니다. 그리스도 안에서 모든 죄를 다 속죄 받았기 때문입니다. 히브리서 10장 10~14절에 "이 뜻을 좇아 예수 그리스도의 몸을 단번에 드리심으로 말미암아 우리가 거룩함을 얻었노라 제사장마다 매일 서서 섬기며 자주 같은 제사를 드리되 이 제사는 언제든지 죄를 없게 하지 못하거니와 오직 그리스도는 죄를 위하여 한 영원한 제사를 드리시고 하나님 우편에 앉으사 그 후에 자기 원수들로 자기 발 등 상이 되게 하실 때까지 기다리시나니 저가 한 제물로 거룩하게 된 자들을 영원히 온전케 하셨느니라"고 했습니다.

성도는 복음을 믿고 죄 사함을 받고 거룩하게 된 사람들입니다. 죄 사함 받고 구원받은 사람은 신분이 바뀌게 됩니다. 죄인에서 의인으로 사탄의 권세에서 그리스도의 권세로, 하나님의 자녀로 신분이 바뀌는 것입니다. 하나님의 자녀로 거듭나서 신분이 바뀌게 되면 하늘의 기업을 얻게 됩니다. 기업이란 물려받는 유산, 유업을 말하는 것입니다. 구원받은 하나님의 자녀로서 하나님께서 예비하신 하늘의 기업을 상속받게 됩니다. 하나님께서 주시는 하늘의 기업은 영원하고 영광스러운 기업입니다.

베드로전서 1장 3~4절에 "찬송하리로다 우리 주 예수 그리스도의 아버지 하나님이 그 많으신 긍휼대로 예수 그리스도의 죽은 자 가운데서 부활하심으로 말미암아 우리를 거듭나게 하사 산 소망이 있게 하시며 썩지 않고 더럽지 않고 쇠하지 아니하는 기업을 잇게 하시나니 곧 너희를 위하여 하늘에 간직하신 것이라."고 했습니다. 복음은 이러한 기업을 구원받은 사람들에게 받게 해주는 것입니다. 하나님께서는 이러한 일을 맡기시려고 우리를 부르시고 세우신 것입니다.

복음의 목적은 영혼을 살리고 구원하여 하나님의 일꾼으로 수종자로 세워 흑 암의 세력 가운데 있는 자를 구원하여 하나님의 자녀가 되게 하고 하늘의 영원한 기업을 잇게 하는 것입니다.

성도 여러분 주님의 부르심을 받아 구원받은 성도로서 사명을 다하여 복음을 전하고 영혼을 구원하는 일에 헌신하는 성도가 되시기를 주님의 이름으로 축원합니다.

하나님 나라의 사명

저희가 이 말씀을 듣고 있을 때에 비유를 더하여 말씀하시니 이는
자기가 예루살렘에 가까이 오셨고 저희는 하나님의 나라가 당장에
나타날 줄로 생각 함이러라 가라사대 어떤 귀인이 왕위를 받아 가
지고 오려고 먼 나라로 갈 때에 그 종 열을 불러 은 열 므나를 주며
이르되 내가 돌아오기까지 장사하라 하니라
그런데 그 백성이 저를 미워하여 사자를 뒤로 보내어 가로되 우리
는 이 사람이 우리의 왕 됨을 원치 아니 하노이다 하였더라 귀인이
왕위를 받아 가지고 돌아와서 은 준 종들의 각각 어떻게 장사한 것
을 알고자 하여 저희를 부르니 그 첫째가 나아와 가로되 주여 주의
한 므나로 열 므나를 남겼나이다 주인이 이르되 잘 하였다 착한 종
이여 네가 지극히 작은 것에 충성하였으니 열 고을 권세를 차지하
라 하고
(누가복음 19:11~17)

    구원받은 성도는 세상의 나라에 속하였을 뿐 아니라. 하나님 나라
의 백성입니다. 그래서 성도는 세상을 위하여 살아야 할 뿐 아니라
하나님의 나라를 위하여 살아야 합니다. 하나님의 나라를 위한 삶,
그것은 성도의 사명입니다. 오늘의 본문은 하나님 나라를 위한 성도
의 사명에 대한 비유입니다. 어떤 사람이 왕위를 받기 위하여 먼 나
라로 갔다는 것은 예수님께서 승천하시고 만 왕 의왕으로 다시 오시

는 예수 그리스도를 의미합니다. 그리고 므나를 받은 종들은 영광의 나라에 들어갈 성도들을 의미하는 것입니다. 예수님의 이 비유를 통하여 몇 가지 교훈을 받고자 합니다.

첫째로 누구에게나 동일하게 사명을 주셨다는 것입니다.

달란트 비유에서는 재능에 따라서 각각 분량이 다른 달란트를 주었습니다. 그러나 므나의 비유는 각 사람에게 한 므나씩 똑같이 주었습니다. 이는 무엇을 상징하는 것입니까? 구원받은 성도들에게 주신 사명을 의미하는 것입니다. 구원받은 성도는 누구에게나 똑같이 하나님 나라를 위하여 일해야 할 사명을 주셨습니다. 우리는 천국의 백성으로서 예수 그리스도의 재림을 통하여 하나님의 나라가 완성될 때까지 하나님의 나라를 위하여 일해야 합니다.

우리가 이 세상에 살 동안에 두 가지 해야 할 일이 있습니다. 하나는 세상의 삶을 위하여 해야 할 일입니다. 가정, 직장, 자녀들을 교육시키기 위하여 하는 일입니다. 이러한 일도 꼭 해야 할 일입니다. 그러나 이러한 일들은 일시적인 것들입니다. 세상에서 많은 돈을 모았다 해도 그것은 일시적인 것들입니다. 잠시 세상에서만 누릴 수 있는 것들입니다. 권세나 명예 등 어떤 것도 세상의 것은 다 일시적인 것입니다. 우리가 반드시 알아야 할 것은 영원히 가질 수 없는 것은 내 것이 아니라는 것입니다. 영원히 가질 수 있는 것만이 내 것입니다.

세상 나라를 위해서 일하는 것은 일시적인 것입니다. 그러나 하나님 나라를 위해서 일하는 것이 영원한 것입니다. 세상은 잠시 후에 없어질 것이지만 하나님 나라는 영원히 있을 것입니다. 우리는 영원한 나라를 위하여 일할 수 있는 사명과 특권을 받은 것입니다. 본문의 비유에서 주인이 왕위를 받으려고 먼 나라로 갈 때에 그 종들에게 각 각 한 므나 씩을 주어 새 나라를 위하여 장사하게 했던 것처럼 주님께서도 우리에게 세상에 살 동안에 하나님 나라를 위해서 일하는 사명을 주신 것입니다. 성도 여러분 하나님 나라의 귀한 사명을 받았으니 충성을 다하여 그 나라와 그의 의를 위하여 일하는 성도가 되시기를 바랍니다.

둘째, 충성된 종들이 있습니다.

본문의 비유에는 충성된 종들이 있었습니다. 왜 이들에게 충성된 종들이라고 했습니까? 첫째는 이들은 받은 므나를 가지고 장사하였다는 것입니다. 즉 새 나라를 위하여 일하였다는 것입니다. 충성의 반대는 게으름입니다. 게으르다는 것은 일하기 싫어하는 것을 말합니다. 하나님 나라를 위해서 아무 일도 하지 않은 사람들이 있습니다. 세상일에 대하여는 부지런하나 하나님 나라에 대하여는 게으른 사람이 있습니다. 세상에 대하여는 부요하나 하나님 나라에는 가난한 사람이 있습니다.

오늘 본문의 비유에서 충성된 사람들은 어떠했습니까? 받은 므나를 가지고 열심히 장사하여 남겼다고 했습니다. 주님께서 오시는 날 주님은 우리 각 사람에게 하나님 나라를 위하여 얼마나 열심히 장사했는가를 물으실 것입니다. 주여 한 므나로 열므나를 남겼나이다. 라고 대답 할 수 있는 성도는 행복한 성도일 것입니다. 또 충성된 사람들의 특징은 작은 일에 충성하였다는 것입니다. 본문에 '지극히 작은 일에 충성하였으니' 라는 칭찬이 충성된 종들에게 주어졌습니다. 충성의 척도는 큰 일을 가지고 따지는 것이 아니라 작은 일을 얼마나 충성스럽게 했느냐를 가지고 평가하는 것입니다.

그래서 눅 16:10절에 "지극히 작은 것에 충성된 자는 큰 것에도 충성되고 지극히 작은 것에 불의한 자는 큰 것에도 불의 하니라"고 하였습니다. 우리에게 맡겨진 작은 일 하나를 충성스럽게 감당할 때 주님은 충성된 자로 보시는 것입니다. 그러나 작은 일이라고 하여 불의한 사람은 불의한 사람으로 보게 되는 것입니다. 성도 여러분, 여러분에게 맡겨진 작은 일은 어떤 일입니까? 그 일에 최선을 다하고 충성하십시오. 작은 일에 충성된 자가 충성된 자입니다. 충성된 종들에게는 주님의 칭찬과 함께 하늘의 영원한 상급이 주어질 것입니다.

셋째, 악한 종들이 있습니다.
본문의 비유에서 악한 종들은 어떤 사람들이었습니까? 악한 종들은 아무 일도 하지 않았다는 것이 그 특징입니다. 이들은 받은 므나로 장사하지 않았습니다. 구원받은 하나님의 백성으로서 하나님의 나라를 위해서 아무 일도 하지 않은 사람을 의미하는 것입니다.

영국의 어떤 재벌이 하루는 꿈을 꾸었는데 자기가 죽어서 천국에 가있는 꿈이었다고 합니다. 천국에서 보니 많은 집들이 있는데 어떤 집은 크고 영광스러운 집이 있는가 하면 어떤 집은 오막살이 같은 작은 집들도 있었다고 합니다. 그 집 들 중에 어느 큰 집 앞에서 자세히 보니 그 집 문에 자기 집 종의 이름이 쓰여 있는 문패가 걸려 있었습니다. 그런데 바로 그 옆에 보잘 것 없는 작은 집이 하나 있었 는데 그 문에 바로 자기의 이름이 있더라는 것입니다. 깜짝 놀란 이 재벌은 천사에게 물었습니다. 혹시 이 문패가 바뀐 것이 아닙니까? 천사가 대답하기를 천국은 절대로 오류가 있을 수 없다. 그대는 세 상에 살 동안에 많은 재물을 가지고 있었지만 하나님 나라를 위해서 는 아무것도 하지 않은 천국에 대하여 가난 한 사람이었기에 이 작 은 집을 가지게 되었고 여기 큰집의 주인인 이 사람은 세상에서는 비록 가난하여 그대의 집에 종이었으나 하나님 나라를 위하여 살아 온 천국에 대하여 부요한 사람이기에 이러한 상급을 받게 된 것이 다. 라고 했다고 합니다.

악한 종들은 누구입니까 사명을 받고도 일하지 않은 사람들입니 다. 세상일에는 열심 하였으나 하나님 나라에는 게으른 사람들입니 다. 세상에서는 부요 했으나 하나님 나라에는 가난한 사람입니다. 여러분들은 어떤 사람들입니까? 하나님 나라에 부요한 충성된 사람 입니까? 하나님 나라를 위해서 아무 일도 하지 않은 악한 종들입니 까? 일시적인 세상일에 얽매여 사는 사람이 되지 말고 오직 하나님 의 나라를 위하여 일하는 충성된 종이 되어 하늘의 영원한 상급을 받는 성도가 되시기를 주님의 이름으로 축원합니다.

선지자의 상

///////////////////////////

> 너희를 영접하는 자는 나를 영접하는 것이요 나를 영접하는 자는
> 나 보내신 이를 영접하는 것이니라. 선지자의 이름으로 선지자를
> 영접하는 자는 선지자의 상을 받을 것이요 의인의 이름으로 의인을
> 영접하는 자는 의인의 상을 받을 것이요 또 누구든지 제자의 이름
> 으로 이 소자 중 하나에게 냉수 한 그릇이라도 주는 자는 내가 진실
> 로 너희에게 이르노니 그 사람이 결단코 상을 잃지 아니하리라 하
> 시니라
>
> (마태복음 10:40~42)

저는 오늘 이 본문의 말씀을 통하여 선교의 사명에 대하여 말씀드
리고 자합니다. 선교란 하나님의 말씀 즉 복음을 전하는 것을 말합
니다. 그러나 편의상 교회 안에서의 복음전파는 전도로 교회의 지역
을 넘어서 복음을 전파하는 것을 선교라고 표현하고 있습니다. 특
히 예루살렘과 온 유대와 사마리아와 땅 끝까지 증인이 되라고 명령
하신 말씀에 따라 나라의 지경을 넘어 해외로 모든 족속에게 복음을
전하는 사명을 말하는 것입니다.

오늘 본문은 제자들에게 선교의 사명을 주어 보내시면서 하신 주
님의 말씀입니다. 이 말씀을 통하여 우리가 알아야 할 선교의 교훈
은 무엇입니까?

첫째로 선교의 사명은 모든 성도에게 있다는 것입니다.

땅끝까지 모든 족속에게 복음을 전해야 하는 선교의 사명은 목사님이나 선교사님들에게만 있는 것이 아니고 구원받은 모든 성도에게 다 있다는 것입니다. 사도행전 1장 8절에 "오직 성령이 너희에게 임하시면 너희가 권능을 받고 예루살렘과 온 유대와 사마리아와 땅 끝까지 이르러 내 증인이 되리라 하시니라"고 되어 있습니다. 누가 증인이 되어야 합니까? 성령을 받은 모든 사람입니다. 성령을 받은 사람은 누구든지 땅끝까지 복음을 전해야 하는 사명을 받은 것입니다.

구원받고 성령을 받은 사람은 예루살렘 즉 자신이 사는 지역, 도시에 복음을 전하는 증인입니다. 나아가서 온 유대와, 자기가 사는 온나라에 증인이 되어야 합니다. 사마리아 땅끝까지 이웃나라 그리고 땅끝까지 복음을 전해야 하는 것입니다. 이러한 선교사명은 주님의 지상 사명이라고 합니다. 주님께서 주신 최고의 사명이라는 말씀입니다. 성도 여러분! 선교에 대하여 무관심하는 것은 하나님의 사명을 무시하는 일입니다. 사명을 감당하지 못하는 것보다 더 무서운 죄악은 없습니다.

선교는 목사님이나 선교사님들만이 하는 것이 아니라 내가 할 일이며 나에게 주신 사명이라는 것을 아시기 바랍니다. 마가복음 16장 15절에 "또 가라사대 너희는 온 천하에 다니며 만민에게 복음을 전파하라"고 하셨습니다. 주님의 제자들과 초대교회 성도들은 이미 그 시대에 땅 끝까지 복음을 전하려고 갔습니다. 그리고 그 일에 목숨을 바친 것입니다. 여러분들은 사명을 위하여 어디로 갔습니까? 주님의 지상 사명을 감당하기 위하여 무엇을 하였습니까? 주님의 지상 사명을 망각해서는 안됩니다. 선교의 사명은 주님께서 우리에게 주신 간곡한 부탁이기 때문입니다. 고린도후서 5장 19절에 "이는 하나님께서 그리스도 안에 계시사 세상을 자기와 화목하게 하시며 저희의 죄를 저희에게 돌리지 아니하시고 화목하게 하는 말씀을 우리에게 부탁하셨느니라"고 하셨습니다. 주님의 지상 사명인 선교사역에 헌신하시는 성도 여러분들이 되시기를 주님의 이름으로 축원합니다.

둘째로, 선교 사역의 방법은 여러 가지가 있다는 것입니다.

선교의 사명을 감당하는 데 있어서 그 사역의 방법은 여러 가지가 있습니다. 첫째로 직접 선교사로 나아가는 방법입니다. 복음을 들고 선교 현지에 나아가는 일입니다. 리빙스턴은 주일학교 학생 때 선교 헌금을 하는 어떤 주일에 헌금 바구니에 들어갔습니다. 사람들이 그에게 웬일이냐고 물었을 때 리빙스턴은 "나를 하나님께 드립니다"라고 하였습니다. 리빙스턴은 자신을 선교에 주일학교 때부터 헌신한 것입니다. 주여 나를 보내소서 주님께 헌신하는 사람이 필요합니다. 선교지에 하나님은 이렇게 헌신된 사람들을 통하여 귀한 사역에 쓰시는 것입니다.

그러나 모든 성도가 선교지에 갈 수는 없습니다. 그래서 기도로 후원하는 기도 선교가 있습니다. 내가 직접 가지는 못하지만 선교지를 기도로 후원하는 것입니다. 기도하는 선교사들이 많아야 선교의 역사가 있는 것입니다. 성도 여러분 기도의 선교사가 됩시다. 우리가 후방에서 있어도 기도로 현지에 가서 선교의 역사를 하는 것입니다. 이러한 선교사를 하나님께서 찾고 계십니다. 기도의 선교사로 헌신하시기 바랍니다.

셋째로 재물로 선교사역을 할 수 있습니다.

우리의 작은 재물을 선교지에 보냄으로 선교 사역을 감당 할 수 있는 것입니다. 하나님께서 우리나라에 선교하게 하시기 위하여 복을 주셨습니다. 경제 수준을 높여 주셔서 작은 돈으로도 사역을 할 수 있게 하신 것입니다. 방글라데시에 필리핀과 같은 나라에 우리가 작은 돈을 보내면 현지인 사역자의 한달분의 생활비가 되는 것입니다. 우리가 작은 돈을 절약하면 선교지에서 큰일을 할 수 있는 돈이 되는 것입니다. 우리가 직접 현지에 가서 복음을 전하는 일을 하지 못한다 하더라도 우리의 가진 작은 재물을 보냄으로 선교의 사명을 감당 할 수 있는 것입니다. 이러한 사역에 헌신하여 구한 사명을 잘 감당하는 성도가 되시기를 바랍니다.

넷째로, 함께 상을 받는다는 것입니다.

본문 말씀에 "선지자의 이름으로 선지자를 영접하는 자는 선지자의 상을 받을 것이요 의인의 이름으로 의인을 영접하는 자는 의인의 상을 받을 것이요 또 누구든지 제자의 이름으로 이 소자 중 하나에게 냉수 한 그릇이라도 주는 자는 내가 진실로 너희에게 이르노니 그 사람이 결단코 상을 잃지 아니하리라 하시니라"고 하였습니다. 선지자를 영접하는 자는 선지자의 상을 받는다고 했습니다. 선지자의 상을 받는다는 것은 선지자를 돕는 자에게 선지자와 함께, 선지자의 받는 상을 받는다는 것입니다.

우리가 선교현지에 선교사로 가지 못하지만 선교사의 사역을 위하여 기도후원, 또는 재물 후원을 하는 사람들에게도 선교사와 함께 상을 나눈다는 것입니다. 축구선수들이 축구시합을 할 때 골인을 하는 선수는 하나이지만 상을 받을 때는 모든 선수들이 함께 같은 상을 받게 되는 것입니다. 이와 같이 우리가 하나님의 일을 할 때 여러 부분에서 일하지만 상을 받을 때는 함께 받게 되는 것입니다. 모든 성도가 다 선교사가 되고, 다 목사님이 될 수는 없는 것입니다. 그러나 목사님의 하시는 사역을 기도로, 재물로 후원하고 헌신 할 때 목사님이 받는 상을 함께 나누게 되고, 선교사가 받는 상을 함께 나누게 되는 것입니다.

그래서 마태복음10장 41절의 공동번역을 보면 "예언자를 예언자로 맞아 들이는 사람은 예언자가 받을 상을 받을 것이며, 옳은 사람을 옳은 사람으로 맞아 들이는 사람은 옳은 사람이 받을 상을 받을 것이다."라고 되어 있습니다. 성도 여러분! 여러분이 있는 자리에서 세계선교의 사역에 동참 할 수있고 쓰임받을 수 있습니다. 귀하게 쓰임받는 목사님들과 선교사님들이 받는 상을 함께 받을 수 있는 것입니다.

모든 성도님들이 주님의 지상사명을 이루기 위하여 헌신 할 때 우리나라와 모든 국민들이 다 복을 받게 될 것입니다. 나에게 맡겨주신 사명을 감당하고 선지자의 상을 나누는 귀한 복을 다 받으시기를 주님의 이름으로 축원합니다.

전도자의 복

〰〰〰〰〰〰〰〰〰〰〰

예수께서 가라사대 내가 진실로 너희에게 이르노니 나와 및 복음
을 위하여 집이나 형제나 자매나 어미나 아비나 자식이나 전토를
버린 자는 금세에 있어 집과 형제와 자매와 모친과 자식과 전토를
백 배나 받되 핍박을 겸하여 받고 내세에 영생을 받지 못할 자가
없느니라

(마가복음 10:29~30)

전도는 하나님의 명령이며, 하나님을 가장 기쁘시게 해드리는 일
입니다. 전도에는 하나님의 복이 약속되어 있습니다. 현세에도 백배
나 받고 내세의 영원한 상급을 받는 복입니다. 성경에는 전도자에
게 주시는 복을 최고의 복으로 전도자에게 주시는 상급을 최고의 상
급으로 약속되어있습니다. 그래서 오늘은 전도자의 복 이라는 제목
으로 말씀드리겠습니다. 전도하는 사람에게 어떤 복을 주십니까?

첫째로 표적과 능력이 따르는 복입니다.

주님께서 승천하시기 전에 제자들에게 온천하에 다니며 복음을 전
파하라고 명령하셨습니다. 이 전도 명령을 주시면서 주님은 마가복
음 16장 17~18절에 말씀하시기를 "믿는 자들에게는 이런 표적이 따
르리니 곧 저희가 내 이름으로 귀신을 쫓아내며 새 방언을 말하며
뱀을 집으며 무슨 독을 마실지라도 해를 받지 아니하며 병든 사람에

게 손을 얹은즉 나으리라 하시더라"고 하셨습니다. 즉 전도할 때 표적이 따르는데 귀신이 쫓겨나가고 새 방언을 말하기도하고 뱀을 집는 능력, 무슨 독을 마실 지라도 해를 받지 않는 능력이 나타나게 되며 병든 사람에게 안수하여 낫게되는 등의 표적입니다.

이 약속을 하신 후 20절에 "제자들이 나가 두루 전파할새 주께서 함께 역사하사 그 따르는 표적으로 말씀을 확실히 증거하시니라"고 했습니다. 성경에 약속된 표적과 능력은 전도할 때 복음을 증거할 때 함께 하시겠다는 약속인 것입니다. 표적과 기적은 언제 나타납니까? 하나님의 능력은 언제 나타납니까? 전도할 때 나타나는 것입니다. 구원의 복음을 증거할 때 표적과 능력이 나타나는 것입니다.

히브리서 2장3~4절에 "우리가 이같이 큰 구원을 등한히 여기면 어찌 피하리요 이 구원은 처음에 주로 말씀하신 바요 들은 자들이 우리에게 확증한 바니 하나님도 표적들과 기사들과 여러 가지 능력과 및 자기 뜻을 따라 성령의 나눠 주신 것으로써 저희와 함께 증거하셨느니라"고 하였습니다. 복음을 전할 때 하나님께서도 함께 역사하시는데 표적과 기사 능력, 은사의 나타남으로 함께 증거하셨다는 것입니다. 표적과 기적을 체험하시기 원하십니까? 전도하십시오. 전도할 때 이러한 역사들을 주시겠다고 약속하셨습니다. 전도할 때 주님께서 함께 하시겠다고 약속 하셨습니다. 이것은 전도자에게 주신 약속입니다. 그리고 "내가 세상 끝날 까지 너희와 항상 함께 있으리라"고 하셨습니다. 하나님의 능력과 은사, 표적과 기사는 전도하라고 주신 것이며 전도하는 사람에게 이러한 약속이 이루어 질 것입니다.

둘째로 건강의 복입니다.

디모데후서 4장 17~18절 말씀에 보면 "주께서 내 곁에 서서 나를 강건케 하심은 나로 말미암아 전도의 말씀이 온전히 전파되어 이방인으로 듣게 하려 하심이니 내가 사자의 입에서 건지웠느니라 주께서 나를 모든 악한 일에서 건져내시고 또 그의 천국에 들어가도록 구원하시리니 그에게 영광이 세세 무궁토록 있을지어다"라고 바울은 말했습니다. 바울이 에베소 교회에서 어려운 일을 당하였습니다. 구리장색 알렉산더라는 사람이 바울을 심히 대적 하였는데 심지어 모든 교인들이 연합하여 바울을 대적하였다고 기록하고 있습니다. 그러한 어려운 상황 속에서도 바울은 하나님께서 자신의 건강을 지켜 주셨다고 기록하고 있습니다.

왜 하나님께서 자신에게 건강을 주셨는가에 대하여 바울은 전도하라고 주신 것이라고 증거합니다. 바울은 왜 자신이 건강해야 하는지 왜 살아야하는 지에 대하여 명확하게 아는 사람이었습니다. 하나님께서 건강을 주셨습니까? 그리고 풍요한 삶을 주셨습니까? 영혼을 구원하라고 주신 것입니다. 전도하는 것은 성도의 사명입니다. 하나님께서 그 사명을 감당하게 하시려고 우리에게 건강을 주시고 풍성한 삶을 주신 것입니다. 전도의 사명을 감당해야 합니다. 전도하는 사람에게 건강을 주십니다.

바울은 간증하기를 "주께서 나를 모든 악한 일에서 건져내시고 또 그의 천국에 들어가도록 구원하"실 것이라고 확신하고 있습니다. 자신은 이방인에게 복음을 전하라고 세우심 받은 사람인 것을 확신하기 때문에 그 사명을 다 하기까지. 하나님께서 지키시고 인도하실 것이라는 확신을 가진 것입니다. 우리도 이러한 확신을 가져야합니다. 우리에게 주시는 모든 하나님의 은혜와 복들이 복음을 위해서 일하라고 주셨다는 것을 알아야 합니다.

하나님께서 왜 이 나라 이 민족에게 오늘날과 같은 평안과 풍성함을 주셨습니까? 아무리 살펴보아도 잘살 수 있는 여건이 없는 이 나라에 복을 주셔서 풍요하게 하신 것은 세계선교의 사역을 감당하라고 주신 일입니다. 이 나라와 이 민족은 하나님께 감사하고 하나님께서 주신 사명을 감당해야 합니다. 세계 선교 사명을 잘 감당 할 때 계속 하나님께서 복을 주시고 은혜를 주실 것입니다. 우리 개인도 마찬 가지입니다. 건강 할 때 열심히 전도하고 하나님께서 주신 사명을 감당 할 때 더욱 건강하고 풍성한 삶을 계속 누릴 수있을 것입니다.

셋째로 백배의 복입니다.

오늘 본문 말씀을 현대어 번역으로 보면 "내가 분명히 말한다. 누구든지 나를 사랑하고 다른 사람에게 복음을 전하기 위하여 집이나 형제나 자매나 어머니나 아버지나 자녀나 재산을 버린 사람은 지금은 박해를 받을지라도 장차 그 버린 것의 백 배로 돌려받을 것이며 오는 세상에서는 영원한 생명을 얻게 될 것이다."라고 되어 있습니다. 전도자에게 주시는 백배의 약속입니다. 복음을 전하기 위하여 전도하기 위하여 형제나 자매나 부모나 자녀, 재물을 버릴 수도 있다는 것입니다. 지옥의 영원한 형벌을 받아야 할 영혼을 구원하는 일을 어찌 희생과 헌신없이 할 수 있겠습니까? 전도하는 일에는 핍박이 따르고 헌신과 희생이 따르는 일입니다.

이 일을 위하여 기독교 역사의 많은 주의 종들이 자신의 모든 것을 희생하였고 목숨까지도 아끼지 않고 헌신하여 왔던 것입니다. 우리가 사명을 이루기 위하여, 전도하기 위해서는 고난과 희생을 각오해야 합니다. 그러나 복음을 전하기 위하여, 주님을 위하여 희생하고 헌신하는 모든 것들을 하나님께서 백배로 갚아주신 다는 것입니다. 백배라고 하는 것은 정확한 수치를 말하는 것이 아니라 차고도 넘치게 채워주신 다는 약속입니다. 복음을 전하기 위하여 희생된 것은 현세에서 백배나 주시고 천국에 가서도 영광스러운 상급을 주시겠다고 약속되어 있습니다. 우리가 천국에 갔을 때 주님은 우리에게 영광의 면류관을 씌워 주실 것입니다.

　전도자의 상급에 대하여 다니엘서 12장 3절에 "지혜 있는 자는 궁창의 빛과 같이 빛날 것이요 많은 사람을 옳은 데로 돌아오게 한 자는 별과 같이 영원토록 비취리라"고 하였습니다. 하늘의 별과 같이 영원토록 비취는 영광을 전도자에게 주시는 것입니다. 영원한 하늘의 별이 되는 복 바로 전도의 복입니다.

　이러한 약속을 믿고 열심히 전도하여 현세에서 뿐 아니라 내세에도 영원한 영광의 상급을 얻는 성도가 되시기를 주님의 이름으로 축원합니다.

전도의 기회
\\\\\\\\\\\\\\\\\\\\\\\\\\\\\\\

> 종이 돌아와 주인에게 그대로 고하니 이에 집주인이 노하여 그 종
> 에게 이르되 빨리 시내의 거리와 골목으로 나가서 가난한 자들과
> 병신들과 소경들과 저는 자들을 데려 오라 하니라 종이 가로되 주
> 인이여 명하신 대로하였으되 오히려 자리가 있나이다 주인이 종에
> 게 이르되 길과 산울 가로 나가서 사람을 강권하여 데려다가 내 집
> 을 채우라
>
> (누가복음 14:21~23)

모든 불행은 기회를 놓치는 것입니다. 구원받을 기회가 있고, 은
혜 받을 기회가 있으며, 복 받을 기회가 있습니다. 전도에도 기회가
있습니다. 전도해야 할 때 전도해야 합니다. 기회를 놓치면 후회해
도 늦을 때가 있습니다. 지금은 전도의 기회입니다. 전도 할 수 있는
절호의 기회를 놓치는 불행을 당하지 마시고 기회 있을 때 전도하여
하나님께 영광 돌리시기를 바랍니다. 왜 지금은 전도의 기회인가
요?

첫째로 지금은 하나님의 집을 채울 기회이기 때문입니다.

'강권하여 데려다가 내 집을 채우라' 주님의 명령입니다. 이 본문
에서 우리가 채워야 할 주님의 집은 어디입니까? 디모데 전서 3장
15절에 보면 "만일 내가 지체하면 너로 하나님의 집에서 어떻게 행

하여야 할 것을 알게 하려 함이니 이 집은 살아 계신 하나님의 교회요 진리의 기둥과 터이니라"고 했습니다. 주님의 집은 하나님의 교회입니다. 그런데 집주인이신 주님은 주의 집에 빈자리를 기뻐하지 않으십니다. "종이 가로되 주인이여 명하신 대로하였으되 오히려 자리가 있나이다 주인이 종에게 이르되 길과 산울 가로 나가서 사람을 강권하여 데려다가 내 집을 채우라"

  여러분 교회에 아직 자리가 있습니까? 주님의 명령은 내 집을 채우라는 것입니다. 여러분의 교회에 아직 자리가 있다면 그것은 전도의 기회입니다. 하나님께서는 무엇이든지 우리가 구하면 들어주신다고 약속하셨습니다. 그래서 우리는 하나님께 믿음으로 구합니다. 하나님께서는 무엇이든지 다 하시지만 오직 한가지 우리에게 부탁하신 것이 있습니다. 고린도후서 5장 19절에 "이는 하나님께서 그리스도 안에 계시사 세상을 자기와 화목하게 하시며 저희의 죄를 저희에게 돌리지 아니하시고 화목하게 하는 말씀을 우리에게 부탁하셨느니라"고 했습니다. 전도는 하나님께서 우리에게 부탁하신 것입니다.

  전도는 천사에게 맡기지 않으시고 우리에게 부탁하신 특권입니다. 우리가 전도하는 것은 하나님의 부탁을 들어 드리는 것입니다. 우리는 하나님께 모든 것을 구합니다. 그러나 하나님의 부탁을 들어 드리지 못하고 있습니다. 우리가 하나님께 부탁하기 전에 먼저 하나님의 부탁을 들어 드립시다. 하나님께서는 이렇게 말씀하십니다. 내 집을 채우라 그러면 내가 너의 집을 채워주마. 나의 부탁을 들어라 그러면 너의 부탁을 들어주겠다. 지금은 경제적으로 어려운 때입니다. 이러한 때에 먼저 영혼으로 하나님의 집을 채워 보십시오. 하나님께서 여러분들의 집을 채워주실 것입니다.

둘째, 복음을 전할 기회입니다.

본문에 보면 잔치가 준비되었으니 오소서 라고 초청합니다. 잔치의 준비를 갖추어 놓고 손님을 청한 것입니다. 이와 같이 우리도 복음의 말씀을 준비해놓고 손님을 청하는 것입니다. 복음의 말씀이란 구원 얻을 말씀을 말합니다. 말씀을 듣고 구원받는 것이 복음입니다. 하나님의 말씀을 준비해놓고 구원받아야 할 영혼을 초청하는 것이 전도입니다. 죄로 인하여 죽어야 할 인간은 복음의 말씀을 들어야 합니다. 말씀을 통하여 생명을 얻게 되는 것입니다.

베드로 전서 1장 23절에 "너희가 거듭난 것이 썩어질 씨로 된 것이 아니요 썩지 아니할 씨로 된 것이니 하나님의 살아 있고 항상 있는 말씀으로 되었느니라 그러므로 모든 육체는 풀과 같고 그 모든 영광이 풀의 꽃과 같으니 풀은 마르고 꽃은 떨어지되 오직 주의 말씀은 세세토록 있도다 하였으니 너희에게 전한 복음이 곧 이 말씀이니라"고 하였습니다. 썩어질 씨가 있습니다. 썩어질 씨는 인간의 육체를 말합니다. '모든 육체는 풀과 같고 그 영광이 풀의 꽃과 같다'고 하였습니다. 풀은 마르고 꽃이 떨어지듯이 인간의 육체는 언젠가는 썩어질 씨입니다.

그러나 썩지 아니 할 씨가 있습니다. 바로 하나님의 말씀입니다. '오직 주의 말씀은 세세토록 있도다'라고 하였습니다. 모든 사람이 썩어질 육체를 가지고 살지만 살아있는 동안에 하나님의 말씀으로 생명을 얻으면 영생하게 된다는 것입니다. 썩지 아니 할 씨, 그것은 하나님의 말씀입니다. 그 말씀은 어떤 말씀입니까? "오직 주의 말씀은 세세토록 있도다 하였으니 너희에게 전한 복음이 곧 이 말씀이니라"고 하였습니다.

구원의 생명으로 얻게 하는 것은 오직 복음의 말씀입니다. 복음은 무엇입니까? 구원 얻을 말씀인 것입니다. 구원의 말씀 즉 복음의 말씀을 받아 생명을 얻으면 영원히 살게 되는 것입니다. 전도란 이러한 생명의 말씀 복음을 전하는 것입니다. 죄로 말미암아 죽어 가는 불쌍한 영혼들에게 복음을 전하여 지옥의 형벌에서 구원하는 전도의 사명을 감당하시기 바랍니다.

셋째, 은혜받을 기회입니다.

잔치에 참석한 자는 누구든지 귀빈의 대접을 받는 특권을 누렸습니다. 길거리에 나가서 가난한 자, 병신, 천한 사람들을 다 불러왔지만 잔치에 나왔을 때 왕의 귀빈이 된 것입니다. 복음을 듣고 구원받는 것도 최대의 특권입니다. 죄로 말미암아 영원히 죽을 수밖에 없는 인간이었으나 하나님의 은혜로 값없이 구원을 얻은 것입니다. 그런데 우리가 이렇게 구원받을 수 있는 것도 기회가 있습니다. 아직 살아 있을 때가 구원의 기회입니다. 죽은 후에는 구원의 기회가 없습니다. 이단들은 죽은 후에도 구원의 기회가 있다고 하지만 결코 구원의 기회는 현세에만 가능한 것입니다. 죽음 후에는 영원한 지옥의 형벌만이 있을 뿐입니다.

고린도후서 6장 2절에 보면 "가라사대 내가 은혜 베풀 때에 너를 듣고 구원의 날에 너를 도왔다 하셨으니 보라 지금은 은혜 받을 만한 때요 보라 지금은 구원의 날이로다"라고 하였습니다. 지금이 은혜 받을 때이며, 지금은 구원의 날입니다. 누구나 자신의 죽음의 날을 알지 못합니다. 구원받지 못하고 죽음의 날을 맞이하면 그는 영원히 구원의 기회를 놓치고 마는 것입니다. 그래서 구원의 문제는 결코 미룰 수가 없는 문제인 것입니다.

만일 지금 구원의 확신을 가지지 못하였다면 먼저 그 문제부터 해결해야 합니다. 언제 개인의 종말이 올지 모르기 때문입니다. 오늘 택해야 합니다. 누구도 내일을 보장 할 수 없습니다. 히브리서 3:15절에 "성경에 일렀으되 오늘날 너희가 그의 음성을 듣거든 노하심을 격동할 때와 같이 너희 마음을 강퍅케 하지 말라 하였으니"라고 하였습니다. 구원은 오늘의 문제이지 내일의 문제가 아닙니다. 오늘 구원받아야 하고 오늘 은혜 받아야 합니다.

우리 주위에 아직도 구원받지 못한 사람이 있습니까? 지금 전도해서 구원받게 하지 않으면 그에게 영원히 구원의 기회를 놓치게 될수도 있습니다. 성도 여러분 지금은 구원의 기회이며 은혜 받을 기회입니다. 지금은 복 받을 기회이며 전도 할 기회입니다. 하나님께서 기회를 주실 때 열심히 전도해서 하나님께 영광을 돌리시는 성도님 들이 되시기를 주님의 이름으로 축원합니다.

잃은 양과 목자

예수께서 저희에게 이 비유로 이르시되 너희 중에 어느 사람이 양 일백 마리가 있는데 그 중에 하나를 잃으면 아흔아홉 마리를 들에 두고 그 잃은 것을 찾도록 찾아다니지 아니하느냐 또 찾은즉 즐거워 어깨에 메고 집에 와서 그 벗과 이웃을 불러 모으고 말하되 나와 함께 즐기자 나의 잃은 양을 찾았노라 하리라 내가 너희에게 이르노니 이와 같이 죄인 하나가 회개하면 하늘에서는 회개할 것 없는 의인 아흔아홉을 인하여 기뻐하는 것보다 더하리라

(누가복음 15:3~7)

이 본문은 죄의 저주 가운데 빠져서 잃은 양이 된 인류를 구원하시려고 세상에 오신 목자 예수 그리스도를 의미하는 비유입니다. 뿐만 아니라 스스로 주님 앞에 나올 수 없는 영혼들을 구원해야 한다는 전도에 대한 비유이기도 합니다. 오늘은 이 본문을 통하여 전도에 대한 교훈을 받고자합니다.

첫째로 잃은 양과 목자는 누구입니까?

잃은 양은 누구입니까? 양은 목자없이 스스로 살 수 없는 동물입니다. 양은 스스로 길을 찾지 못합니다. 목자가 인도하지 않으면 집을 찾아 올 수 없습니다. 양 떼를 떠나서 길을 잃은 양은 목자가 찾아가지 않으면 죽게 되는 것입니다. 뿐만아니라 양은 자구책이 없습

니다. 양에게는 공격이나 방어용 무기도 없습니다. 맹수가 달려들면 속수무책입니다. 뿐만 아니라 먹이도 스스로 구하지 못하는 짐승입니다. 반드시 인도자인 목자가 있어야 살 수 있는 양, 잃은 양은 누구입니까?

우리 주위에 구원 받지 못한 잃어버린 영혼입니다. 잃은 양처럼 스스로 주님 앞에 나올 수 없는 것이 구원받지 못한 영혼입니다. 잃어버린 영혼은 스스로 주님 앞에 찾아 나올 수없습니다. 누구인가 인도해 줄 사람이 있어야 합니다. 이러한 잃은 양에게는 그를 인도 할 목자가 있어야 하는 것입니다.

그러면 목자는 누구입니까? 목자는 먼저 구원 받은 성도가 잃은 양을 찾아야 할 목자입니다. 주님께서는 갈릴리 바닷가에서 베드로에게 나를 사랑하느냐고 물으시면서 세 번씩이나 부탁한 말씀이 있는데 바로 '내 양을 치라'는 것입니다. 즉 양을 인도하는 목자가 되라는 것입니다. 주님은 우리를 잃은 양을 찾아야 할 목자로 세우셨습니다. 어떤 양에게 목자가 되는 것입니까? 바로 가장 가까운 곳에 있는 구원받아야 할 영혼의 목자인 것입니다. 영혼을 구원하는 책임은 천사에게 맡기지 않으시고 먼저 구원받은 성도에게 맡기셨습니다 그래서 구원받아야 할 영혼의 가장 가까운 곳에 있는 사람이 그 영혼을 인도해야 할 목자가 되는 것입니다.

구원받아야 할 사람의 부인이 성도라면 그 영혼의 전도의 책임은 그 부인에게 있는 것입니다. 즉 가장 가까운 사람에게 전도의 책임 즉 목자의 사명이 있다는 것입니다. 먼저 구원 받은 성도 여러분 여러분의 주위에 잃어버려진 영혼이 있습니까? 그 영혼의 목자는 바로 당신입니다. 당신의 잃어버린 영혼을 찾으십시오. 주님의 명령입니다. "내 양을 먹이라"

둘째로 잃은 양을 어떻게 찾았습니까?

양을 잃은 목자는 모든 관심이 잃은 양에게 있습니다. 자기의 양이 어디쯤 있을까? 죽지는 않았을까? 하는 염려와 양을 찾아야 한다는 큰 부담을 가졌을 것입니다. 잃은 영혼을 찾는 일도 마찬 가지입니다. 먼저 잃은 양을 찾아야 한다는 큰 부담을 가지고 잃은 영혼이 누구인지 어떻게 구원해야 할 것인지 지대한 관심을 가져야 합니다. 그리고 그 영혼을 위하여 먼저 기도로 준비해야 합니다. 기도하는 목자가 영혼을 건지게 됩니다.

여러분이 찾아야 할 그 영혼은 누구입니까? 남편입니까? 자녀입니까? 직장 동료입니까? 친구입니까? 이웃집 사람입니까? 그들에게 관심을 가지고 기도하십시오. 끝까지 기도하십시오. 영혼들을 구원하기 위한 기도는 하나님께서 기뻐하십니다. 잃은 양에 대하여 관심과 부담을 가졌으면 그를 찾아나서야 합니다. 본문에도 말하기를 "그 잃은 것을 찾도록 찾아다니지 아니하느냐?"라고 하였습니다. 찾을 때까지 찾아다녀야 합니다. 양을 잃은 목자는 잃어버린 자기의 양을 찾기 위하여 산과 들과 계곡을 누비며 양을 찾아다녔을 것입니다. 목자의 집요한 추적에 양이 찾아지게 되는 것입니다. 여러분의 잃은 양을 추적 하십시오. 집요하게 추적하여 잃은 양을 찾아야 합니다.

언제까지 양을 추적해야 합니까? 양을 찾을 때까지입니다. 목자가 양을 찾을 때는 밤낮이 없었을 것입니다. 쉴 수도 없었을 것입니다. 얼마 전 아이를 잃은 아버지가 아이의 사진을 목에 걸고 애절하게 아이를 찾는 모습을 본적이 있습니다. 그 사람은 아이를 찾기 위하여 직장도 포기하고 아이를 찾는 일에만 전념 하였습니다. 아이를 찾을 때 까지 잠도 제대로 잘 수가 없다는 것입니다. 이것이 잃은 양을 찾는 목자의 심정이 아니겠습니까? 성도 여러분 여러분의 잃은 양을 찾으십시오. 당신의 양이 구원의 손길을 기다리고 있습니다. 주님께서 오시는 날 주님은 물으실 것입니다. 내 잃은 양을 찾았느냐? 내 양을 먹였느냐? 주님께 대답 할 말이 있습니까?

셋째로 잃은 양에게 사랑을 나타내야 한다는 것입니다.

본문에 목자가 양을 찾아 어깨에 메고 돌아왔다고 하였습니다. 양을 묶어서 끌고 온 것이 아니라 즐거워하여 어깨에 메고 왔다는 것은 목자의 사랑을 나타낸 것입니다. 양을 어깨에 메고 돌아오는 목자를 상상해 보십시오. 양을 찾는 동기는 사랑입니다. 우리 주위에 잃은 영혼을 찾기 위해서는 양에 대한 사랑을 나타내야합니다. 영혼들에게 사랑을 나타냄으로 양을 찾아야 합니다. 전도의 최고의 능력은 사랑입니다. 양을 사랑하는 목자에게 진정한 기쁨과 보람은 잃은 양을 찾는 것입니다. 양을 찾은 목자는 양을 찾기 위해 수고했던 모든 수고가 양을 찾음으로 기쁨으로 바뀌었습니다. 목자의 보람은 양을 찾는데 있습니다. 본문에 양을 찾은 목자는 잔치를 벌리고 그 벗과 이웃을 불러 모으고 함께 즐겼다고 하였습니다. 마찬가지로 구원받은 성도의 보람과 기쁨은 영혼의 구원에 있어야 합니다. 영혼을 구원하는 일은 하늘에서도 큰 기쁨이 됩니다.

본문 7절에 "내가 너희에게 이르노니 이와 같이 죄인 하나가 회개하면 하늘에서는 회개 할 것 없는 의인 아흔 아홉을 인하여 기뻐하는 것보다 더하리라"고 하였습니다. 한 영혼이 구원받으면 교회의 기쁨이 되고 목사님께도 기쁨이 되며 온 하늘과 하나님께 기쁨이 되는 일입니다. 잃어버린 영혼을 찾아 구원하는 일은 성도에게 가장 보람된 일이며 귀한 일입니다. 주님은 하늘의 영광을 버리고 잃은 양을 찾으시기 위하여 기쁨으로 십자가를 지셨습니다. 히12장 2절에 "믿음의 주요 또 온전케 하시는 이인 예수를 바라보자 저는 그 앞에 있는 즐거움을 위하여 십자가를 참으사 부끄러움을 개의치 아니하시더니 하나님 보좌 우편에 앉으셨느니라"고 하였습니다. 주님께서도 영혼을 구원하시는 기쁨을 위하여 십자가의 고난도 참으셨습니다. 우리도 영혼 구원을 기쁨과 보람으로 알고 영혼 구원을 위하여 헌신해야 하겠습니다.

성도 여러분, 여러분이 찾아야 할 잃은 양은 누구입니까? 그 양은 어디에 있습니까? 인도하지 않으면 하나님께 스스로 올 수 없는 잃은 영혼은 찾아나서야 합니다. 추수의 계절을 맞이하여 잃은 양을 찾아 영혼의 열매를 거두시는 성도님들이 되시기를 주님의 이름으로 축원합니다.

어떤 교회가 되어야 할까

//

그 때에 제자가 더 많아졌는데 헬라파 유대인들이 자기의 과부들이
그 매일 구제에 빠지므로 히브리파 사람을 원망한대 열두 사도가
모든 제자를 불러 이르되 우리가 하나님의 말씀을 제쳐놓고 공궤를
일삼는 것이 마땅치 아니하니
형제들아 너희 가운데서 성령과 지혜가 충만하여 칭찬 듣는 사람
일곱을 택하라 우리가 이 일을 저희에게 맡기고 우리는 기도하는
것과 말씀 전하는 것을 전무하리라 하니 온 무리가 이 말을 기뻐하
여 믿음과 성령이 충만한 사람 스데반과 또 빌립과 브로고로와 니
가노르와 디몬과 바메나와 유대교에 입교한 안디옥 사람 니골라를
택하여 사도들 앞에 세우니 사도들이 기도하고 그들에게 안수 하니
라 하나님의 말씀이 점점 왕성하여 예루살렘에 있는 제자의 수가
더 심히 많아지고 허다한 제사장의 무리도 이 도에 복종 하니라

(사도행전 6:1~7)

　본문의 말씀은 초대 예루살렘교회의 부흥의 모습을 소개하는 말씀
입니다. 이 말씀을 통하여 하나님의 교회가 어떠한 모습으로 성장해
야 하는 지를 우리는 알 수가 있습니다. 과연 오늘의 하나님의 교회
는 어떻게 성장하는 것이 정상적인 성장인지 잘 알아야 하겠습니다.
초대교회는 어떤 교회였으며 어떻게 성장하고 있었습니까? 우리 교
회는 어떤 교회가 되어야 하겠습니까?

첫째로 말씀이 왕성한 교회가 되어야 합니다.

본문은 초대교회를 말씀이 점점 왕성해지는 교회라고 표현하고 있습니다. 사도들이 교회의 다른 일들을 일꾼들에게 맡기고 말씀과 기도에 전념하게 되자 말씀이 점점 깊어지게 되고 더 능력 있는 말씀이 풍성해졌던 것입니다. 교회의 부흥과 성장은 말씀에 근거해야 합니다. 말씀이 풍성해지고 왕성해지는 것이 교회의 정상적인 성장이며 부흥입니다. 예루살렘 교회가 말씀이 점점 풍성해지자 신도의 수가 많아지게 되었습니다. 예루살렘교회는 수 만 명 혹은 십 만여 명에 이르는 대형교회로 성장하게 되었습니다.

사도행전 21장 20절에는 수만 명이었다고 기록하고 있고 다른 역사적인 자료에는 예루살렘교회가 십 만 명에 이르는 교회였다고 증거하고 있습니다. 말씀이 왕성해지면 자연히 성도의 수가 많아지게 되는 것입니다. 또 본문에는 말씀이 왕성해지자 허다한 제사장의 무리도 이 도에 복종하였다고 하였습니다. 당시에 유대인들 중에 제사장들은 특별한 사람들이었습니다. 오늘날로 꼭 비유한다면 목회자들이라고 할 수 있습니다. 그런데 이러한 사람들이 말씀이 왕성해지자 복음을 받아들이는 역사가 일어났던 것입니다.

오늘날에도 말씀이 왕성해지면 신분이 높은 사람들이나 지식의 수준이 있는 사람들도 복음에 복종하게 됩니다. 말씀이 왕성한 교회는 누구든지 말씀에 복종하고 순종하게 되면 여러 계층의 사람들이 복음에 복종하여 구원받는 역사가 계속 나타나게 되는 것입니다. 하나님의 교회는 무엇 보다 말씀이 왕성해야 합니다. 초대교회처럼 말씀이 왕성해지게 하기 위하여 온 교회가 노력을 해야 합니다. 목사님들에게 말씀과 기도에 전념 할 수 있도록 모든 성도들은 다른 모든 일들을 맡아 섬겨야 합니다. 목사님이 말씀과 기도에 전념할 때 말씀이 깊어지고 말씀의 능력이 나타나게 됩니다. 말씀이 왕성해지면 교회가 부흥 성장하게 되어 하나님께 영광 돌리는 교회가 될 것입니다.

둘째, 좋은 일꾼이 세워지는 교회가 되어야 합니다.

예루살렘 교회는 좋은 일꾼들이 있었습니다. 본문에는 "온 무리가 이 말을 기뻐하여 믿음과 성령이 충만한 사람 스데반과 또 빌립과 브로고로와 니가노르와 디몬과 바메나와 유대교에 입교한 안디옥 사람 니골라를 택하여 사도들 앞에 세우니 사도들이 기도하고 그들에게 안수 하니라 하나님의 말씀이 점점 왕성하여 예루살렘에 있는 제자의 수가 더 심히 많아지고 허다한 제사장의 무리도 이 도에 복 종하니라"고 하였습니다. 예루살렘 교회는 최초로 일곱 집사를 세웠는데 이 사람들은 성령과 지혜가 충만한 사람, 또는 믿음과 성령이 충만한 사람이라고 하였습니다. 이러한 좋은 일꾼이 세워질 때 교회는 부흥하고 성장하였습니다.

하나님의 교회에 가장 시급한 과제는 일꾼을 세우는 일입니다. 교회의 부흥과 성장은 일꾼에 좌우됩니다. 좋은 일꾼이 있으면 교회가 부흥하고 성장하지만 일꾼이 없는 교회는 아무리 좋은 여건이 있다 해도 성장하지 못합니다. 그래서 주님께서도 많은 무리를 보시며 말씀하시기를 "무리를 보시고 민망히 여기시니 이는 저희가 목자 없는 양과 같이 고생하며 유리함이라 이에 제자들에게 이르시되 추수할 것은 많되 일꾼은 적으니 그러므로 추수하는 주인에게 청하여 추수할 일꾼들을 보내어 주소서 하라 하시니라"고 마태복음 9장 36~38

절에서 말씀하셨습니다.

하나님의 교회에 좋은 일꾼이 있어야 합니다. 헌신된 일꾼, 성령이 충만한 일꾼, 믿음 있는 일꾼이 교회에 있어야 합니다. 주님은 그러한 일꾼을 찾고 계십니다. 좋은 교회는 좋은 일꾼이 많은 교회입니다. 좋은 일꾼을 위하여 기도하십시오. 그리고 좋은 일꾼이 되기 위하여 헌신하십시오. 좋은 일꾼이 되어 헌신 할 때 하나님께서 교회를 아름답게 세우실 것입니다.

셋째, 전도하는 교회가 되어야 합니다.

초대 교회는 전도에 열심하는 교회였습니다. 사도행전 5장 42절에 보면 "저희가 날마다 성전에 있든지 집에 있든지 예수는 그리스도라 가르치기와 전도하기를 쉬지 아니하니라"고 되어있습니다. 초대교회의 특징은 전도였습니다. 복음을 전하여 영혼들을 구원하는 일에 헌신된 사람들이었습니다. 복음을 전하는 일에 박해와 시련이 있었지만 이들은 복음을 위한 핍박을 오히려 기뻐하였다고 성경은 기록하고 있습니다. 전도에 열심 하는 교회가 부흥하고 성장하게 됩니다. 전도하지 않는 교회가 성장 할 수 없고 결코 부흥 할 수 없는 것입니다.

초대교회 성도들이 그렇게 열심히 전하던 복음은 오직 예수 그리스도의 십자가였습니다. 바울은 "십자가의 도가 멸망하는 자들에게는 미련한 것이요 구원을 얻는 우리에게는 하나님의 능력이라"고 했습니다. 전도는 십자가의 도를 전하는 것이 전도입니다.

복음을 전하는 교회가 성장합니다. 복음을 전해야 부흥합니다. 복음을 전 할 때 영혼이 구원 받게 되고 복음을 전해야 성도들이 영적으로 살게 되는 것입니다. 복음에는 능력이 있기 때문입니다. 바울은 로마서 1장 16~17절에서 "내가 복음을 부끄러워하지 아니하노니 이 복음은 모든 믿는 자에게 구원을 주시는 하나님의 능력이 됨이라 첫째는 유대인에게요 또한 헬라인에게로다 복음에는 하나님의 의가 나타나서 믿음으로 믿음에 이르게 하나니 기록된 바 오직 의인은 믿음으로 말미암아 살리라 함과 같으니라"고 하였습니다. 복음을 전하는 교회, 전도하는 교회가 초대 교회였던 것입니다.

복음 잘 전하는 교회, 전도 잘하는 교회가 좋은 교회입니다. 우리의 교회를 전도하는 교회로 세워야 합니다. 전도를 탁월하게 잘하는 교회로 세워야 합니다. 전도를 열심히 하는 교회가 부흥하고 성장합니다. 하나님의 교회는 열심히 복음을 전하는 교회가 되어야 합니다. 전도하는 교회입니다. 이러한 교회로 잘 세워나갈 때 하나님께 영광을 돌리는 교회가 될 것입니다. 성도 여러분 이러한 교회가 되기 위하여 헌신하는 성도가 되어 하나님께 영광 돌리시기를 주님의 이름으로 축원합니다.